"十三五"职业教育国家规划教材

教育部中等职业教育专业技能课立项教材

电子商务物流

（第二版）

主　编　吴强辉　赵彦辉　谢明进
副主编　张　洪　徐朝君
参　编　卢桂玲　李　奕　余慧婵
　　　　潘洁婷

中国人民大学出版社
·北京·

图书在版编目（CIP）数据

电子商务物流 / 吴强辉，赵彦辉，谢明进主编 .
2 版. -- 北京 ：中国人民大学出版社，2025. 3.
（教育部中等职业教育专业技能课立项教材）. -- ISBN
978-7-300-33768-5

Ⅰ. F713. 365. 1

中国国家版本馆 CIP 数据核字第 2025TR1583 号

“十四五”职业教育国家规划教材
“十三五”职业教育国家规划教材
教育部中等职业教育专业技能课立项教材

电子商务物流（第二版）

主　编　吴强辉　赵彦辉　谢明进
副主编　张　洪　徐朝君
参　编　卢桂玲　李　奕　余慧婵　潘洁婷

Dianzi Shangwu Wuliu

出版发行	中国人民大学出版社		
社　　址	北京中关村大街 31 号	**邮政编码**	100080
电　　话	010－62511242（总编室）		010－62511770（质管部）
	010－82501766（邮购部）		010－62514148（门市部）
	010－62515195（发行公司）		010－62515275（盗版举报）
网　　址	http://www. crup. com. cn		
经　　销	新华书店		
印　　刷	中煤（北京）印务有限公司	**版　　次**	2019 年 8 月第 1 版
开　　本	787 mm×1092 mm　1/16		2025 年 3 月第 2 版
印　　张	10. 25	**印　　次**	2025 年 3 月第 1 次印刷
字　　数	240 000	**定　　价**	36. 00 元

前言

本教材根据《国家职业教育改革实施方案》《职业教育提质培优行动计划（2020—2023年）》等文件精神进行编写，以习近平新时代中国特色社会主义理论为指导，全面贯彻落实党的二十大精神和习近平总书记系列重要讲话精神。

随着电子商务和物流行业向数字化、智能化方向发展，电子商务物流也得到了前所未有的发展，新理论和新技术层出不穷。基于此，本教材以电子商务及物流行业职业能力为主线，在以下四个方面进行了补充与完善。

1. 立德树人，同向同行

德技双修，挖掘价值引领元素，对接企业用人素养要求，将价值引领元素融入学习目标，设立“素养园地”板块，基于此目标，将爱国教育、劳动教育、职业教育、社会主义核心价值观等价值引领元素有机融入教材内容。教师可在教学中引导学生重视素养，鼓励学生在“学做”中加强修炼，全面提升学生的职业素养。

2. 数字资源，立体教材

本教材响应“互联网＋教育”的新态势，数字化教学资源与纸质教材配套使用，提供课件、巩固练习等教学资源，满足“线上＋线下、课上＋课下”多情景教学需求，形成了适用于混合式学习的“新形态一体化教材”。

3. 板块多元，注重实践

本教材设置了“学习背景”（引入）、“课堂思考”（提升）、“课堂练习”（巩固）、“知识加油站”（延伸）、“素养园地”（融入）等板块，旨在增强学生学习趣味性，促使学生学练结合，达到丰富知识、提升技能的目标。

4. 全新理念，图文并茂

本教材图文并茂，采用大量的一线电商和物流企业工作图片，对工作过程进行分解，模拟工作过程，还原工作状态，置学生于工作情景中，使学生做到边学习边“工作”。教材内容通俗易懂，遵循职业院校学生学习特点，贴近工作过程、技术流程，将技能训练、技术学习与理论知识有机结合，符合职业教育的培养目标与学生的认知规律。

本教材是通过行业调研、企业实践、专家访谈、校企双筛选提炼典型任务汇编而成的，由专业教师和企业行家参与讨论，共同开发，具有很强的时代感，能使学生更直观地了解电子商务物流。

本次修订全面更新知识，四个情景分别对应电子商务物流中的四个典型模式，增加了电子商务物流中的新知识、新技术、新工艺和新方法，适合职业院校电子商务专业及物流服务与管理专业的教学。

本教材由广东省东莞市电子商贸学校物流专业教师编写，其中吴强辉、卢桂玲老师编写了情景一，张洪、李奕、余慧婵老师编写了情景二，谢明进老师编写了情景三，赵彦辉、徐朝君、潘洁婷老师编写了情景四，全书由谢明进老师进行统筹和整理。

本教材从相关公司网站引用了部分内容及图片，在此对原作者及相关公司表示诚挚的谢意。

由于时间仓促和编者水平有限，书中难免有不足和疏漏之处，希望使用者批评指正，并提出建议及意见，以期日臻完善。

编　者

目 录

自建物流模式

学习背景

京东于2004年正式涉足电商领域，目前是中国最大的综合网络零售商之一，是中国电子商务领域备受消费者欢迎和具有较大影响力的电子商务网站，在线销售家电、数码通信、电脑、家居百货、服装服饰、母婴、图书、食品等品类数万个品牌的百万种优质商品。2016年7月，京东入榜2016年《财富》全球500强，成为中国首家也是唯一入选的互联网企业。

2014年5月，京东集团在美国纳斯达克证券交易所正式挂牌上市，是中国第一个成功赴美上市的大型综合性电商平台，并成功跻身全球十大互联网公司排行榜。2015年7月，京东凭借高成长性入选纳斯达克100指数和纳斯达克100平均加权指数。近年来，京东在中国自营B2C市场的份额逐步提升，凭借全供应链，其在中国电子商务市场的优势还在继续扩大。

京东集团2007年开始自建物流，2017年4月正式成立京东物流集团，2021年5月，京东物流于香港联交所主板上市。京东物流是中国领先的技术驱动的供应链解决方案及物流服务商，以"技术驱动，引领全球高效流通和可持续发展"为使命，致力于成为全球最值得信赖的供应链基础设施服务商。

京东物流建立了包含仓储网络、综合运输网络、"最后一公里"配送网络、大件网络、冷链物流网络和跨境物流网络在内的高度协同的六大网络，服务范围覆盖了中国几乎所有地区、城镇和人口，不仅建立了中国电商与消费者之间的信赖关系，还通过211限时达等时效产品，重新定义了物流服务标准。2020年，京东物流助力约90%的京东线上零售订单实现当日或次日达，客户体验持续领先行业。截至2023年9月30日，京东物流运营1 600多个仓库，包含京东物流管理的云仓面积在内，京东物流仓库总面积超过3 200万平方米。

学习目标

知识目标

1. 掌握电子商务物流的概念；

2. 理解电子商务与物流的关系；
3. 了解自建物流的含义；
4. 理解自建物流的优势与劣势；
5. 掌握自建物流的运营模式；
6. 了解京东物流的新技术和新设备；
7. 掌握京东物流的仓储及配送服务；
8. 了解京东的智能物流。

技能目标

1. 了解电子商务物流配送的含义；
2. 掌握电子商务物流作业配送的流程及模式；
3. 掌握自建物流的配送模式；
4. 掌握自建物流使用的物流技术；
5. 了解自建物流的仓储服务；
6. 了解自建物流的配送服务。

素养目标

1. 培养服务乡村振兴的理想信念；
2. 树立正确的职业观；
3. 争做有理想、敢担当、能吃苦、肯奋斗的新时代好青年。

学习任务

任务一 初识电子商务物流及自建物流

任务描述

学校安排物流专班到京东仓库实习一段时间。爱网购的小玲感到十分新鲜，她一直对京东的送货速度非常满意，想了解更多关于电子商务物流及自建物流的知识。

任务目标

1. 了解什么是电子商务物流；
2. 理解电子商务与物流的关系；
3. 了解我国物流业的现状及发展趋势；
4. 掌握自建物流的定义；
5. 能够分析京东自建物流的优势与劣势。

任务实施

一、电子商务物流的含义

电子商务物流又称网上物流，就是基于互联网技术，旨在创造性地推动物流行业发展的新商业模式，可以从两个角度来理解：从宏观行业角度，电子商务物流是电子商务和物流两个行业的结合，是为电子商务这一行业配套，主要为电子商务客户提供服务的物流；从微观运作角度，电子商务物流是信息管理技术和物流作业环节的结合，是运用现代信息技术整合物流环节，实现高度信息化的物流。

二、电子商务与物流的关系

电子商务与现代物流是一种互为条件、互为动力、互相制约的关系。

（一）现代物流是电子商务发展的必备条件

现代物流技术为电子商务快速推广创造了条件。在全球经济时代，每天在全球范围内发生着数以百万计的商业交易，每一笔商业交易的背后都伴随着物流和信息流，贸易伙伴需要这些信息以便对产品进行发送、跟踪、分拣、接收、存储、提货以及包装等。在信息化高度发展的电子商务时代，物流与信息流的相互配合变得越来越重要，在供应链管理中必然要用到越来越多的现代物流技术。

物流配送体系是电子商务的支持体系。现代物流配送可以为电子商务客户提供多方面的服务，根据电子商务的特点，对整个物流配送体系实行统一的信息化管理，按照客户网上输入的订货要求，物流配送企业在物流基地进行理货、配货作业，并根据计算机选择的最优送货路线将配好的货物送交收货人。

（二）电子商务为物流业提高效率和效益提供了技术条件和市场环境

1. 电子商务为物流功能集成创造了有利条件

电子商务的发展必将加剧物流业的竞争，竞争的主要方面不是硬件而是软件，是高新技术支持下的服务。电子商务企业希望物流企业提供的不仅是送货，而是最终成为电子商务企业的客户服务商，协助电子商务企业完成售后服务，提供更多增值服务内容，如跟踪产品订单、提供销售统计、代买卖双方结算货款等系统化服务。

2. 电子商务为物流企业实现规模化经营创造了有利条件

电子商务为物流企业实施网络化和规模化经营搭建了理想的业务平台，便于物流企业建立自己的营销网、信息网、配送网。

3. 电子商务的虚拟技术为物流企业提高管理水平提供了工具

虚拟化与全球化发展趋势促使物流企业加强自身网络组织建设，电子商务的发展要求物流配送企业具备在短时间内完成广阔区域物流任务的能力，同时保持合理的物流成本。

4. 电子商务环境要求物流企业创新客户服务模式

电子商务的及时性要求物流企业创新客户响应模式，建立良好的信息处理系统和传输系统，以便在第一时间对客户要求做出反应。

通过互联网，物流企业能够被更大范围内的货主客户主动找到，能够在全国乃至世界范围内拓展业务；贸易公司和工厂能够更加快捷地找到性价比最适合的物流企业；网上物流致力于把世界范围内最大数量的有物流需求的货主企业和提供物流服务的物流企业都吸引到一起，提供中立、诚信、自由的网上物流交易市场，帮助物流供需双方高效达成交易。

三、我国物流业的现状及发展趋势

（一）我国物流业的现状

物流行业规模与经济增长速度具有直接关系，近十几年物流行业的快速发展主要得益于国内经济的增长，形成了一批所有制多元化、服务网络化和管理现代化的物流企业。一方面，物流市场结构不断优化，由“互联网＋”带动的物流新业态增长较快；另一方面，社会物流总费用与GDP的比率逐渐下降，物流产业转型升级态势明显，物流运行质量和效率有所提升。2015年起，我国加大了对物流行业的扶持力度，社会物流总额增速加快，2023年，我国社会物流总额达352.4万亿元，较2017年增长了39.4%。如图1－1所示。

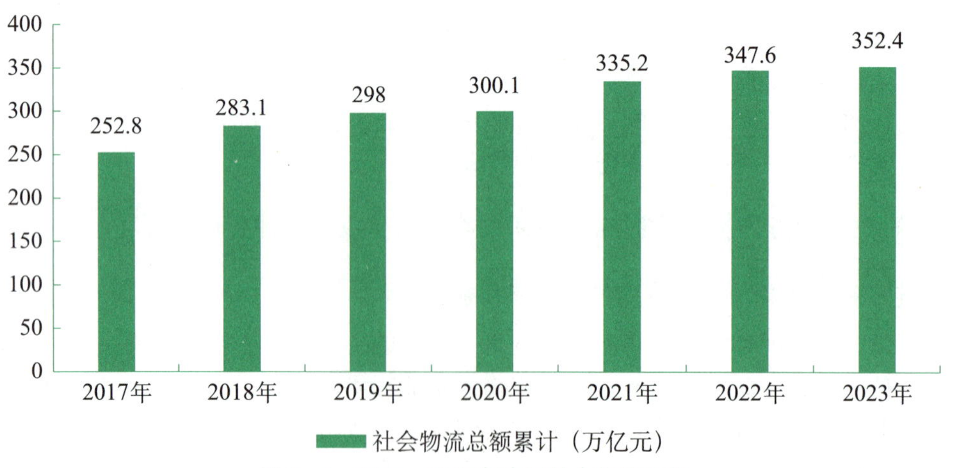

图1－1　2017—2023年中国社会物流总额

（二）我国物流业的发展趋势

1. 物流业需求呈扩张趋势

国家强调要加快转变经济发展方式，走中国特色新型工业化道路，实行产业结构优化升级，经济增长由主要依靠投资、出口拉动向依靠消费、投资、出口协调拉动转变，由主要依靠第二产业带动向依靠第一、第二、第三产业协同带动转变。经济发展的热点地区，在国际上由发达国家向发展中国家转移，在国内由东部沿海地区向中西部地区转移。这两个“转变”和“转移”，带来了物流需求“量”的扩张和“质”的提升。

2. 企业物流社会化与专业化趋势明显

在激烈的市场竞争压力下，越来越多的制造企业开始从战略高度重视物流功能整合和物流业务分离外包。外包的环节由销售物流向供应物流、生产物流、回收物流延伸，由简单的仓储、运输业务外包向供应链一体化延伸。企业物流的专业化趋势也相当明显，几乎所有大型连锁企业都在力图优化自己的专业供应链。制造企业对第三方物流提出了面向高端的物流服务需求，要求物流企业能够提供专业化的解决方案和运作模式。

3. 物流企业的服务呈个性化趋势

主要表现为传统服务的整合和专业化服务的创新。普通型的低端服务利润会越来越低，而创新型业务、增值型服务和适合客户需要的特色服务将获得更大发展空间，专业化物流的发展会更加深入。制造、商贸企业对供应链管理的重视，将会推动物流企业向专业领域渗透，加速与供应链上下游的联动。物流企业针对客户个性化的需求，大力发展增值型、创新型业务，自主物流服务的品牌价值越来越重要。

4. 物流市场细分化与国际化的趋势明显

各行业物流的规模、结构和要求不同，物流的速度、成本和服务也有很大差别，这就加速了物流市场的细分化。中国的物流市场正在成为国外企业关注的重点和投资的热点。一些国际化的企业将加快并购国内企业，完善在中国的网络布局，国内的物流网络逐步成为全球供应链网络的一部分。在参与国际化竞争的过程中，国内大型物流企业将随着中国产品和服务走出国门。

5. 区域物流呈集聚与扩散之势

区域物流集聚的“亮点”有：围绕沿海港口形成的“物流区”；围绕城市群崛起的“物流带”，如成都、重庆的综合配套改革试验区，“两型社会”试点的武汉城市圈和湖南长株潭城市群；围绕产业链形成的物流圈，如青岛的家电，长春的汽车，上海的钢铁、汽车和化工等。区域物流扩散的“热点”有：东部沿海地区物流服务向中西部地区渗透和转移；农产品进城和日用工业品及农用生产资料下乡推动的城乡“双向物流”，带来现代物流方式由城入乡的扩散；大量依靠国外进口的资源型企业由内地向沿海迁移，以优化产业布局。

课堂思考

在日常生活中，你感受到我国物流业的迅速发展带来了哪些变化？

四、自建物流的含义

自建物流是指自营型的企业（集团）通过独立组建物流中心，实现对内部各部门、场、店的物品供应。目前，电子商务企业自建物流系统主要有两种情况：

第一，传统的大型制造企业或批发企业经营的 B2B 电子商务网站，由于其自身在长期的传统商务活动中已经建立起初具规模的营销网络和物流配送体系，在开展电子商务时，只需对其加以改进、完善，就可满足电子商务条件下对物流配送的要求。

第二，具有雄厚资金实力和较大业务规模的电子商务公司，在第三方物流公司不能满足其成本控制目标和客户服务要求的情况下，自行建立适应业务需要的畅通、高效的物流系统，并可向其他的物流服务需求方（比如其他的电子商务公司）提供第三方综合物流服务，以充分利用其物流资源，实现规模效益。

五、基于当时物流状况的京东自建物流 SWOT 分析

一段时间以来，电子商务的快速发展成为我国快递业高速增长的驱动力。然而，虽然快递业近年来保持高速发展，但由于国内快递行业经营和服务水平参差不齐，与电子商务的物流配送需求始终存在一定差距，以至于国内电商企业公开宣称，物流配送问题已经成为电子商务企业发展的瓶颈，亟待解决。正是在这一大背景下，国内电子商务企业纷纷提出了自己的解决方案。在一片质疑声中，京东开始了自建物流。

以下是基于当时物流状况的京东自建物流 SWOT 分析。

（一）京东自建物流的优势（Strengths）

1. 掌握控制权

企业自营物流，能够迅速地取得供应商、销售商以及最终顾客的第一手信息，解决管理物流活动中出现的问题，以便随时调整自己的经营策略。通过自营物流，企业可以全过程地有效控制物流系统的运作。

通过自建物流，京东商城能够将物流最大限度地控制在自己手里，并且形成对整个供应链链条的控制。自营物流体系为其保持高速发展提供强有力的支撑，大幅提升其在全国的配送速度，改善服务质量，解决许多问题，最终能够帮助京东商城将物流从成本控制中心转变成未来新的盈利点。这也能够形成京东商城的差异化战略，提高电子商务网站竞争的门槛。

2. 避免商业秘密泄露

一般来说，企业为了维持正常的运营，对某些特殊运营环节必须采取保密措施，比如原材料的构成、生产工艺等。当企业将物流业务外包，特别是引入第三方物流来经营其生产环节中的内部物流时，其基本的运营情况就不可避免地向第三方公开，企业经营中的商业秘密就可能会通过第三方物流泄露给竞争对手，影响企业的市场竞争力。

3. 降低交易成本

企业靠自己完成物流业务，就不必就相关的运输、仓储、配送和售后服务的费用问题与物流企业进行谈判，避免了交易结果的不确定性导致的只能选用第四方物流提供服

务的情况。

4. 保证配送服务的及时性和安全性

我国物流业起步较晚，物流管理体系不完善，所以很难找到一家服务好、效率高、收费合理三者兼具的物流公司。而在这方面，自营配送能做得很好。京东通过自营配送可以为顾客提供更及时的服务，保证服务的质量，满足顾客的需求。京东也只有通过自营配送才能完成“211 限时达”服务。一些顾客比较倾向于货到付款这种付款方式，京东商城也为这些顾客提供此服务。如果第三方物流来帮京东商城配送货物，在货到付款这方面会产生不安全因素，发生对京东不利的情况。但是由京东自己的配送队伍来提供这项服务就不会存在这些问题，能保证配送服务的安全性。

5. 保证特殊时期业务稳定

每到法定节假日，特别是春节期间，大部分物流公司会提前放假。但假期恰恰是顾客在网上购物的高峰期，如果仅仅依靠第三方物流来进行货品配送，则可能会面临假期无法配送的窘境。而通过企业的自营配送则可以顺利完成特殊时期的配送业务，保证在此期间业务水平的稳定。

（二）京东自建物流的劣势（Weaknesses）

1. 企业投资巨大

企业为了建立物流系统，在仓储设备、运输设备以及相关的人力资本等方面需付出巨额成本。这必然减少企业在其他重要环节的投入，削弱企业的市场竞争能力，不利于企业抵御市场风险。只有当京东在某城市的日订单量达到 1 万个以上时，投资建物流中心才合算。若是在某城市租赁仓库，日订单量也要达到 5 000 个以上才合算。这种情况下，企业过大的投资，也就意味着其中伴随着更大的风险。

2. 企业配送效率低下，管理难以控制

对于绝大部分企业而言，物流并不是其所擅长的业务。在这种情况下，京东自营物流就等于迫使自己从事不专长的业务活动，京东的管理人员往往需要花费过多的时间、精力和资源去从事物流工作，结果可能是辅助性的工作没有做好，又没有发挥关键业务的作用。

3. 规模有限，物流配送区域受限，成本较高

在企业产品数量有限的情况下，采用自营物流不足以形成规模效应，一方面导致物流成本过高，产品成本升高，降低了市场竞争力；另一方面由于规模的限制，物流配送区域会受到限制。

（三）京东自建物流的机遇（Opportunities）

我国物流业发展的速度远远低于电子商务发展的速度。电子商务孕育了巨大的市场机遇，物流作为电子商务的基础，面临着极大的市场需求。大部分消费者对自建物流模式网站有一定忠诚度及信赖度，而企业过多地依赖于第三方物流，会受到很多的局限，像京东这样尽早拥有自建物流和第三方物流相结合的物流体系，相比其他一些类似的电

子商务企业，可以在竞争中更快地获得更大的竞争优势，树立良好的企业形象和增加企业的价值。

京东商城销售额增长迅速与物流配送水平落后的矛盾是京东商城自建物流的驱动力，其不断增长的订单量满足了自建物流的要求，而且自建物流还能降低物流成本，提升用户体验，带来一系列的效益。

（四）京东自建物流的威胁（Threats）

目前我国整个物流市场还相当分散，物流企业规模小，专业化程度不高，物流运输、仓储的现代化水平也不高，物流中心和配送中心的建设以及集装箱运输的发展还比较缓慢，自建物流企业专业化操作程度较低，这直接导致了物流作业过程的效率低下、成本过高，从而很难为合资企业或外资企业提供综合性的物流服务。

当时，各个大型的电子商务企业都在大力推动自建物流体系，如淘宝的大物流计划，苏宁电器、国美电器进军电子商务也开始规划自建物流等。

快递行业也开始涉足电子商务领域。2010 年中国邮政与 TOM 集团共同打造的“邮乐网”上线；2011 年 4 月中铁快运打造的公共网络交易平台“快运商城”正式上线运行；国内“三通一达”（圆通、申通、中通、韵达）以及顺丰快递等多家民营快递企业都开始积极进军电子商务领域。

京东自建物流的 SWOT 分析如表 1－1 所示。

表 1－1　京东自建物流的 SWOT 分析

	优势 S	劣势 W
	1. 掌握控制权 2. 避免商业秘密泄露 3. 降低交易成本 4. 保证配送服务的及时性和安全性 5. 保证特殊时期业务稳定	1. 企业投资巨大 2. 企业配送效率低下，管理难以控制 3. 规模有限，物流配送区域受限，成本较高
机遇 O	**SO 组合**	**WO 组合**
1. 电商发展对物流需求大 2. 目前企业过于依赖第三方物流；消费者对自营物流忠诚度和信赖度高 3. 京东的销售额增长迅速	京东依靠自身日益成熟的自营物流体系优势，结合良好的国内物流发展环境，加速发展	京东利用自身的销售收入和外部的资金收入，分散风险，为自身的物流体系提供安全的资金保证，完善自身的物流体系，促进企业的发展
威胁 T	**ST 组合**	**WT 组合**
1. 我国物流业发展不充分，专业化程度不高，受国外企业威胁 2. 各大电子商务企业都在大力推动自营物流 3. 各大快递企业开始涉足电商领域	京东不断提高自营物流体系的专业化程度，发挥其自营物流的优势，获得较其他电子商务企业和快递企业更大的竞争力，稳固在电子商务企业中的地位	京东发展自身的电子商务，积蓄一定实力，完善自己的物流体系，为企业的发展提供保障

课堂练习

1. 电子商务物流又称（　　），就是基于互联网技术，旨在创造性地推动物流行业发展的新商业模式。

A. 网上物流　　B. 线下物流
C. 自建物流　　D. 自营物流

2. 电子商务与现代物流是一种互为条件、互为（　　）、互相制约的关系。

A. 运动　　B. 活力
C. 动力　　D. 助力

3. （　　）是电子商务的支持体系。

A. 物流运输　　B. 物流配送体系
C. 物流仓储　　D. 物流单证

4. 下列哪个不属于我国物流业的发展趋势？（　　）

A. 物流业需求呈扩张趋势　　B. 企业物流社会化与专业化趋势明显
C. 物流企业的服务呈个性化趋势　　D. 物流需求呈下降趋势

5.（　　）物流是指自营型的企业（集团）通过独立组建物流中心，实现对内部各部门、场、店的物品供应。

A. 自建　　B. 第三方
C. 联盟　　D. 第二方

任务二 电子商务物流配送及自建物流的运营模式

任务描述

经过一段时间的实习，小玲初步弄懂了什么叫电子商务物流及自建物流，经理用SWOT分析法给大家分析了京东自建物流的优势和劣势，接下来，小玲想搞清楚电子商务物流配送尤其是自建物流是怎样进行运营的，大家一起来学习吧。

任务目标

1. 了解电子商务物流配送的含义；
2. 掌握电子商务物流配送的作业流程；
3. 掌握中国电子商务物流配送的模式；
4. 了解企业开展自建物流的两种表现形式；
5. 掌握京东自建物流的运营模式。

任务实施

一、电子商务物流配送的含义

电子商务物流配送是指物流配送企业采用网络化的计算机技术和现代化的硬件技术、软件系统和先进的管理手段，针对客户的需要，根据客户的订货要求，进行一系列的分类、编码、整理、配货等理货工作，按照约定的时间和地点，将确定数量和规格要求的商品送到客户手中的活动及过程。

二、电子商务物流配送的作业流程

电子商务物流配送可分为以下四个方面：收货、扫描发货、客服人员处理、退换货接收。

（一）收货

货到仓库，依据采购信息进行核对，核对件数、包装是否完整。待确定数量后在收货单上签字确认。确认后的商品依照收货仓规划整齐地摆放并进行验收。验收时必须由扫描员通过 ERP 系统进行逐个扫描，填写唛头（唛头上应写明货号、种类、品名、颜色、尺码）并贴于收货箱的侧面。扫描结束后保存打印一式五联单据。

（二）扫描发货

库存配货组依据信息员交给的销售订单进行配货，配货结束在配货单上签字确认后交给发货包装组。发货包装组接到物品后依据销售订单号在 ERP 系统上进行扫描，扫描时核对销售单上的数量、尺码。如有差异通知库存配货组进行更改。打印一式五联发货单据，在发货单据上签字确认连同发票一起装箱，并用本公司的专用封箱胶带进行封箱。封箱打包时必须封为“王”字形，并填写唛头（唛头上应填写客户姓名、地址及联系方式）贴于发货箱上（或包装袋）。填写发货明细台账。进行审核后通知物流公司，物流公司人员进行交接，交接时应核对发货数量、发货地区。确认无误后在发货单上签字留底。

（三）客服人员处理

客户需要的物品发货后应由专门的客服人员确认客户是否收到货品，反馈客户所提出的疑问、建议、投诉及退换货信息，并将信息记录下来交给部门主管，如有退换货问题将退换货信息反馈给信息员，由信息员打印退换货单据后交给库存配货组或发货包装组，接收退货。

（四）退换货接收

库存配货组或发货包装组依据信息员打印的退换货单据来接收物流公司送回的客户

退换货物品。验收的流程和收货流程一样。如遇到客户退回来的货品变成残次品，应及时和上级主管反映处理。

作业流程如图 1-2 所示：

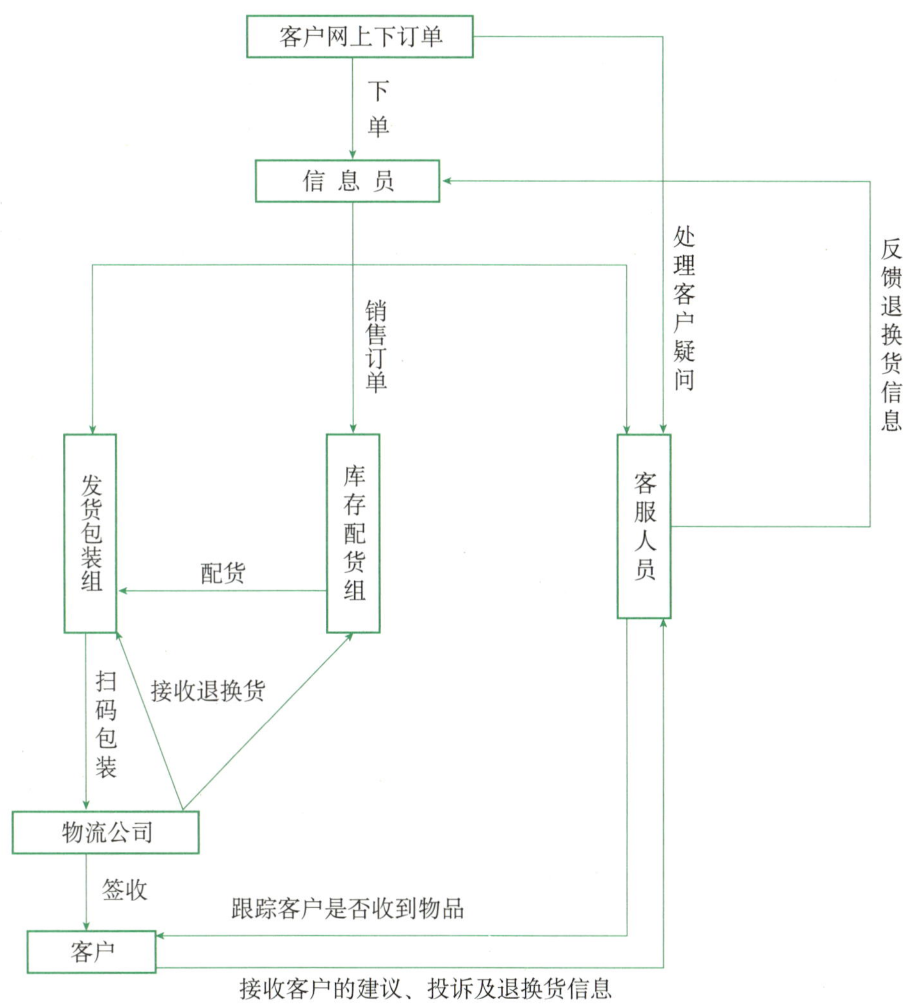

图 1-2　电子商务物流配送的作业流程

三、中国电子商务物流配送的模式

我国电子商务物流配送主要有以下几种模式。

（一）企业（集团）自营配送模式

这是目前国内生产、流通或综合性企业（集团）所广泛采用的一种物流模式。企业（集团）通过独立组建物流中心，实现对企业内部各部门、场、店的物品供应。较典型的企业（集团）自营型模式，就是连锁企业的物流配送。大大小小的连锁公司或集团（比如北京华联、苏宁等）基本上都是通过组建自己的物流中心，来完成对内部各场、店的统一采购、统一配送和统一结算的。

（二）第三方物流配送模式

物流外协第三方，即通常所说的第三方物流是由相对“第一方”发货人和“第二方”收货人而言的第三方来承担企业物流活动的一种物流形态。第三方物流模式是指交易双方把自己需要完成的配送业务委托给第三方来完成的一种配送运作模式。这一配送模式正逐渐成为电子商务网站进行货物配送的首选模式和方向。

（三）物流一体化配送模式

物流一体化是在第三方物流的基础上发展起来的。所谓物流一体化，就是以物流系统为核心，由生产企业，经由物流企业、销售企业，直至消费者的供应链的整体化和系统化。在这种模式下，物流企业通过与生产企业建立广泛的代理或买断关系，与销售企业形成较为稳定的契约关系，从而将生产企业的商品或信息进行统一组合处理后，按部门订单要求配送到店铺。

（四）共同配送模式

共同配送是为提高物流效率，对某一地区的用户进行配送时，由多个物流企业联合在一起进行的配送。它是在配送中心的统一计划、统一调度下展开的。主要包括两种运作形式：一是由一个配送企业对多家用户进行配送，即由一个配送企业综合某一地区内多个用户的要求，统筹安排配送时间、次数、路线和货物数量，全面进行配送；二是仅在送货环节上将多家用户待运送的货物混载于同一辆车上，然后按照用户的要求分别将货物运送到各个接货点，或者运到多家用户联合设立的配送货物接收点上。

四、企业开展自建物流的两种表现形式

（一）物流功能自备

该种表现形式在传统企业中非常普遍，企业自备仓库、自备车队等，拥有一个完备的自我服务体系。这其中又包含两种情况：一是企业内部各职能部门彼此独立地完成各自的物流使命；二是企业内部设有物流运作的综合管理部门，通过资源和功能的整合，专设企业物流部或者物流公司来统一管理企业的物流运作。我国的工业企业基本上还处于第一种情况，但也有不少企业开始设立物流部或者物流公司，如京东。

（二）物流功能外包

该种表现形式主要包括两种情况：一是将有关的物流服务委托给物流企业，即从市场上购买有关的物流服务。如由专门的运输公司负责原料和产品的运输。二是物流服务的基础设施为企业所有，但委托有关的物流企业来运作，如请仓库管理公司来管理仓库，或请物流企业来运作管理现有的企业车队。

五、京东自建物流的运营模式

京东物流以降低社会化物流成本为使命，致力于成为社会供应链的基础设施。基于“短链”供应，打造高效、精准、快捷的物流服务；通过技术创新，实现全面智慧化的物流体系；与合作伙伴、行业、社会协同发展，构建共生物流生态。通过智能化布局的仓配物流网络，京东物流为商家提供仓储、运输、配送、客服、售后的正逆向一体化供应链解决方案，包括快递、快运、大件、冷链、跨境、客服、售后等在内的全方位的物流产品和服务，以及物流云、物流科技、物流数据、云仓等物流科技产品。京东是拥有中小件、大件、冷链、B2B、跨境和众包（达达）六大物流网络的企业。京东自建物流的运营模式如图 1-3 所示。

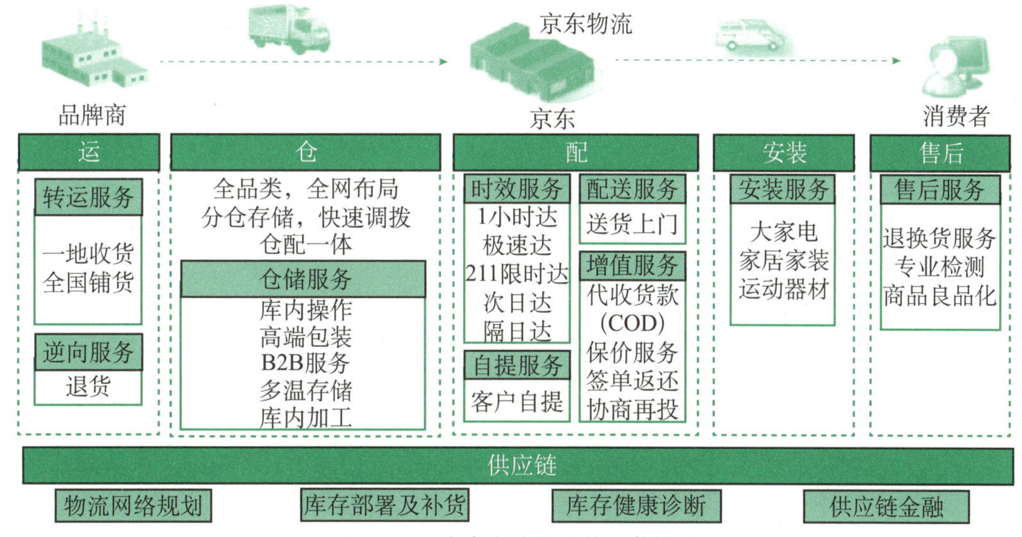

图 1-3　京东自建物流的运营模式

（一）业务介绍

京东物流的业务板块如图 1-4 所示。

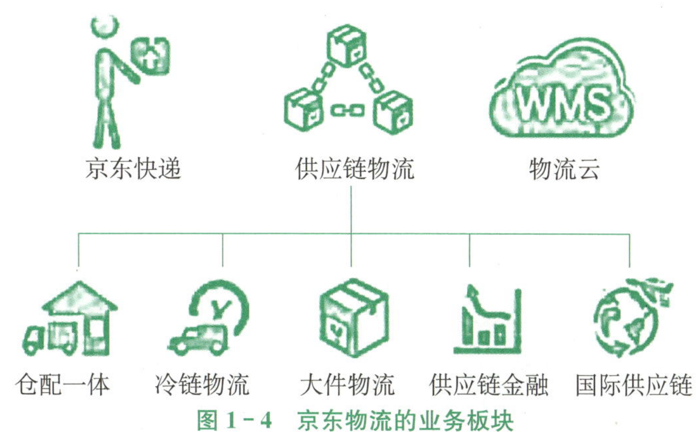

图 1-4　京东物流的业务板块

（1）仓配一体。通过布局全国的仓配物流网络，为商家提供线上线下、多平台、全渠道、全生命周期、全供应链、一体化的物流解决方案。

（2）冷链物流。优先配载，定制化温控配送，专业冷链技术与设备支持多种产品的全程冷链配送，新鲜直达。

（3）大件物流。致力于成为中国 B2C 电商领域订单履约专业物流服务商，标准定价、标准操作流程，网络覆盖全国各省市和区县。京东大件物流的核心竞争力如图 1－5 所示。

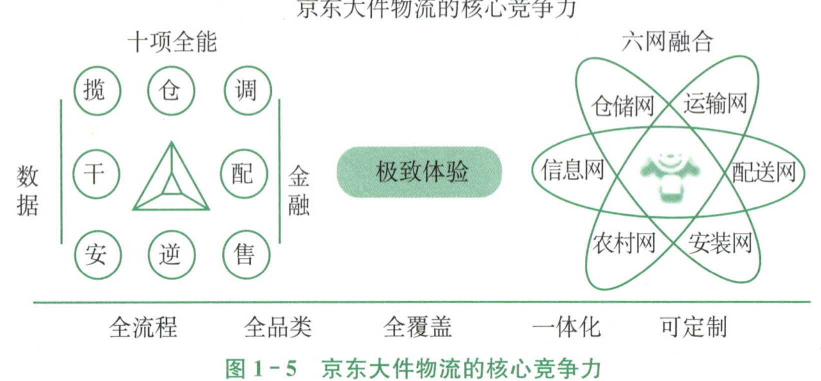

图 1－5　京东大件物流的核心竞争力

（4）供应链金融。盘活企业库存，加速资金流转，联合仓储品类质押，数据化驱动新模式。

（5）国际供应链。全国多个海外仓及保税仓可满足不同的一般贸易及跨境业务需求。

（二）时效服务

（1）211 限时达（如图 1－6 所示）。211 限时达是指当日上午 11:00 前提交的现货订单（部分城市为上午 10:00 前，以订单出库完成拣货时间点开始计算），当日送达；当日 23:00 前提交的现货订单（以订单出库后完成拣货时间点开始计算），次日 15:00 前送达。

图 1－6　京东 211 限时达

（2）极速达（如图 1－7 所示）。极速达配送服务是为客户提供的一项个性化付费增值服务，客户通过在线支付方式全额付款或货到付款方式成功提交订单，并勾选极速达服务后，京东会在结算页面展示的时间内将商品送至客户所留地址。极速达业务覆盖北京、上海、广州、成都、武汉、沈阳等城市。

图 1－7　京东极速达

（3）京准达（如图 1－8 所示）。京准达是京东提供的一项可以选择精确收货时间段的增值服务。客户通过在线支付方式全额付款或货到付款方式成功提交订单，并勾选京准达服务后，京东将在指定的送达时间段内，将客户选择的支持京准达服务的商品送至提供的订单收货地址。京东对每张订单在原订单金额基础上，加收京准达运费（大件商品每单 29 元，中小件商品每单 6 元，若一个订单中同时包含大件商品及中小件商品，将同时收取大件商品及中小件商品的京准达运费）。

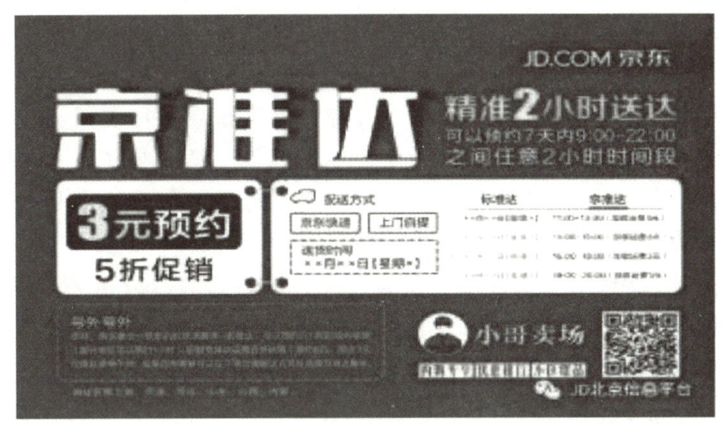

图 1－8　京东京准达

（4）夜间配（如图 1－9 所示）。夜间配服务是为客户提供的更快速、更便利的一项增值服务，如需要晚间送货上门服务，下单时选择“19：00—22：00”时段，属夜间配服务范围内的商品，京东将尽可能安排配送员在当日 19：00—22：00 送货上门。

图 1－9　京东夜间配

（三）增值服务

（1）仓间调拨。根据客户的调配需求，可实现跨区域仓到仓的货物流转。

（2）代贴条码。客户可选择由京东物流代贴商品条码。

（3）个性包装。京东物流可根据产品规格，提供不同尺寸的物流包装。

（4）B2B 服务。为客户提供由仓库到门店、其他仓库等的货物流转供应链服务。

（5）组套加工。客户可将零散的商品入库，由京东物流在库内实现组套打包的生产服务。

（6）动产金融。与京东金融合作，在京东金融根据商家商品评估金额为商家提供动产质押贷款时，京东物流作为第三方对商家质物进行系统监管。

素养园地

劳动最光荣

——“双十一”，致敬物流人

国家邮政局监测数据显示，2021 年“双十一”期间（11 月 1—16 日），全国邮政、快递企业共揽收快递包裹 68 亿件，同比增长 18.2%；共投递快递包裹 63 亿件，同比增长 16.2%。

作为普通岗位的快递员，他们工作的最忙碌状态则出现在每年 11 月 14 日之后，每个人基本上一天都要送 300 件以上，大概是平时的两三倍。记者采访了快递员杨德升。“双十一”期间，他从早上五点钟开始一直送到了晚上十点半，每天工作 17 个小时左右。杨德升今年 28 岁，在快递行业干了三年。三年前，他来到沈阳，当时就看中了快递这个行业，寻思自己辛苦一点就能够多挣到一些钱。凭借着自己的努力，这几年下来，他已经在沈阳买了房子。无数个像杨德升这样的快递员是值得我们学习的，他们身上有那种吃苦的精神，也正是无数个这样的“杨德升”撑起了物流行业。

分析提示：在平凡的工作岗位中，只要敢拼，在自己的岗位中兢兢业业，总是会实现自己的人生价值的。

课堂练习

1. 在退换货接收流程中，如果客户退回的货品由好品变为残次品，应该如何处理？（　　）

A. 直接退回给客户　　B. 通知客户并退款

C. 通知上级主管并等待进一步指示　　D. 自行处理并重新上架

2. 下列哪种物流配送模式是由多个物流企业联合在一起进行的配送？（　　）

A. 企业（集团）自营配送模式　　B. 第三方物流配送模式

C. 物流一体化配送模式　　D. 共同配送模式

3. 在哪种物流功能表现形式中，企业自备仓库、车队等，并拥有一个完备的自我服务体系？（　　）

A. 物流功能自备　　B. 物流功能外包

C. 物流功能共享　　D. 物流功能联合

4. 以下关于电子商务物流理解正确的是（　　）。

A. 只从宏观行业角度来看，是电子商务与物流行业简单相加

B. 仅从微观运作角度而言，就是单纯运用物流作业环节，无须信息技术

C. 从宏观行业角度，为电子商务客户提供配套服务的物流；从微观运作角度，是运用信息技术整合物流环节的信息化物流

D. 宏观上和微观上没有本质区别，都是传统物流模式

任务三 京东物流的新技术及新设备

任务描述

小玲通过在京东的实习，了解到京东很多物流技术和设备都是很先进的，甚至达到了世界一流的水平。小玲请求经理给自己介绍一下京东这些先进的"黑科技"。

任务目标

1. 掌握京东物流所使用的新技术及新设备；
2. 理解这些新技术和新设备为物流带来的新变化。

任务实施

一、京东物流的新技术——区块链

区块链有着去中心化、点对点传输、透明、可追踪、不可窜改、数据安全等特点，可以用来解决现有业务的一些痛点，实现业务模式的创新。对京东来说，区块链在供应链、金融、政务及公共服务等领域的典型应用场景值得研究。

（一）供应链领域

供应链由众多参与主体构成，存在大量交互协作，信息被离散地保存在各自环节、各自系统中，缺乏透明度。京东日用百货 3C 类产品的供应链如图 1－10 所示。

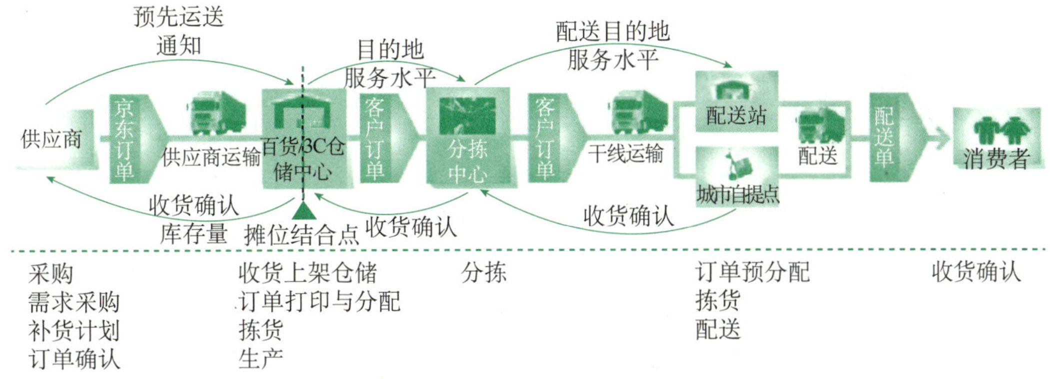

图 1－10 京东日用百货 3C 类产品的供应链

（二）商品防伪追溯

借助区块链技术，实现品牌商、渠道商、零售商、消费者、监管部门、第三方检测机构之间的信任共享，全面提升品牌、效率、体验、监管和供应链整体收益。将商品原材料采购过程、生产过程、流通过程、营销过程的信息进行整合并写入区块链，实现精细到一物一码的全流程正品追溯。如图 1－11 所示。

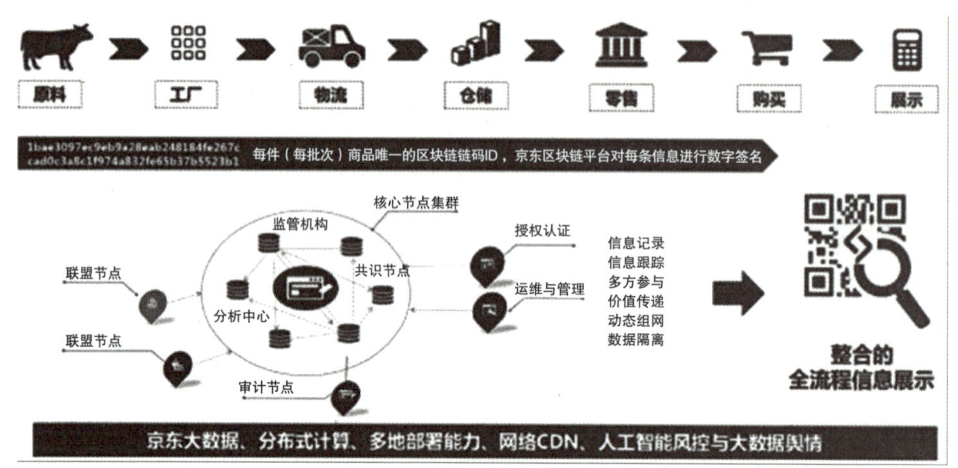

图 1－11　京东商品的防伪追溯

（三）贸易融资

针对供应链中的大型企业，银行可以丰富融资风控模型，减少线下人工采集和确认信息真实性的工作量，开展动产评估下的融资服务。

（四）金融领域

金融的核心是信用的建立和传递，区块链以其不可窜改、安全透明、去中心化或多中心化的特点，适用于多种金融场景。通过区块链系统，交易双方或多方可以共享一套可信、互认的账本，所有的交易清结算记录全部在链可查，安全透明、不可窜改、可追溯，极大地提升对账准确度和效率。

二、京东物流的新设备

（一）京东无人机

无人机送货被看成京东突破瓶颈、延续优势的一个探索。京东在 2016 年 4 月曾透露，京东已经成立专门的项目小组，研发物流无人机和机器人。在 2016 年 5 月底的中国大数据博览会上，京东的送货无人机高调亮相。目前，农村送货成本远远高于城市，而无人机能很好地解决农村送货成本问题。根据测试，正常情况下，京东无人机往返 10 公里，成本还不到 1 度电，也就是不足 5 角，而且比汽车配送要快。京东无人机如图 1－12 所示。

图 1－12 京东无人机

（二）仓库智能分拣机器人——“小黄人”

分拣机器人在工作的时候，是通过智能判断来完成对货物的投递的。分拣中心的工作人员的工作只是将货物面单向上放在机器人的托盘上。当机器人完成系统扫描之后，它就会自动出发，找到对应的投递入口，将货物成功投递。

在行进过程中，机器人主要通过识别场地中的二维码来选择前进的路线，它还能够实时接收其他机器人的位置信息，判断前方的障碍物，据此做出转弯或者停止等待的动作，以免在行进过程中发生碰撞之类的事故。如果遇见货物堆满的情况，它们还能自动排队。“小黄人”如图 1－13 所示。

图 1－13 京东智能分拣机器人——“小黄人”

（三）京东无人配送车

京东无人配送车（如图 1－14 所示）集众多光环于一身，其依托安装在车身周围的多个单线激光雷达以及摄像头，通过人工智能熟悉地形，避让行人，判断道路状况，遇到十字路口还可以识别红绿灯；可以根据目的地进行自主路径规划，寻找最短路径，并规避拥堵路段。无人配送车可以通过京东 App、手机短信等方式通知客户收货，甚至还融入了人脸识别技术，使客户收货更加便捷。

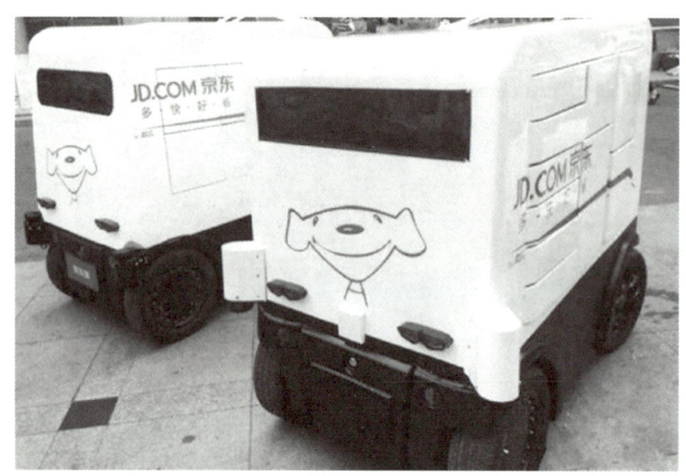

图 1－14　京东无人配送车

（四）京东无人仓

京东物流首个全流程无人仓建筑面积达 40 000 平方米，是全球首个正式落成并规模化投入使用的入库、存储、包装、分拣全流程无人的物流中心，实现了全系统的智能化和无人化。在无人仓中，有搬运机器人、分拣机器人、六轴机器人、堆垛机器人、货架穿梭车、无人叉车等一系列物流机器人和设备辛勤地工作，形成了完整的中件商品与小件商品智慧物流场景，如图 1－15 所示。

图 1－15　京东无人仓

物流中心主体由收货、存储、订单拣选、包装 4 个作业系统组成。存储系统由 8 组穿梭车立库系统组成，可同时存储商品 6 万箱。在货物入库、打包等环节，京东无人仓配备了 3 种不同型号的六轴机械臂，应用在入库装箱、拣货、混合码垛、分拣机器人供包 4 个场景中。

另外，在分拣场内，京东引进了 3 种不同型号的智能搬运机器人执行任务；在不同场景内，京东分别使用了 2D 视觉识别、3D 视觉识别以及由视觉技术与红外测距组成的 2.5D 视觉技术，为这些智能机器人安装了“眼睛”，实现了机器与环境的主动交互。

（五）京东自提柜

京东自提柜（如图 1-16 所示）可以提供全天不间断的自提服务，用户只需在下单时选择自助式自提的配送方式，所购商品就会第一时间送至自提柜，随后京东系统自动发送短信提示用户取货。取货时，用户仅需输入提货码，或直接扫描提货二维码，即可完成身份验证，在按提示完成支付后，便可开柜取货。

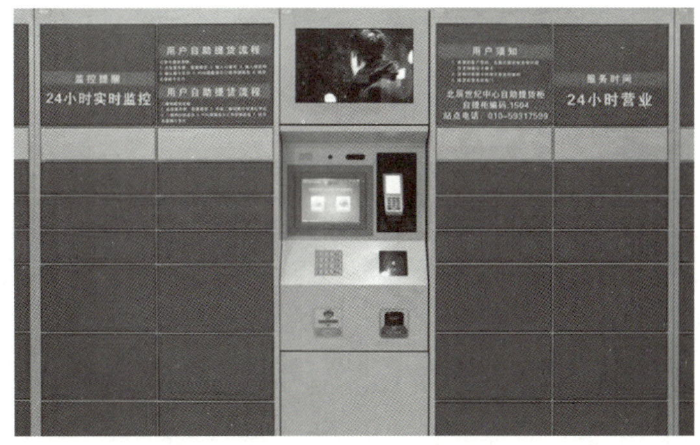

图 1-16　京东自提柜

（六）人工智能系统——JIMI

JIMI（如图 1-17 所示）是京东自主研发的人工智能系统，它通过自然语言处理、深度神经网络、机器学习、用户画像等技术，能够完成全天候、无限量的用户服务，涵盖售前咨询、售后服务等电子商务各环节。

图 1-17　人工智能客服机器人 JIMI

（七）京东云

京东云（如图 1－18 所示）是京东集团旗下的云计算综合服务提供商，拥有全球领先的云计算技术和完整的服务平台。依托京东集团在云计算、大数据、物联网和移动互联应用等多方面的长期业务实践和技术积淀，京东云致力于打造社会化的云服务平台，向全社会提供安全、专业、稳定、便捷的云服务。

图 1－18　京东云

随着京东基础云、数据云两大产品线，京东电商云、物流云、产业云、智能云四大解决方案，以及华北、华东、华南三地数据中心的正式上线，京东云正式加入风生水起的云计算市场争夺中。2016 年“618”大促期间，京东云带宽扩容数百 G，从容抵挡了流量瞬间暴增带来的冲击，实现了全部订单在云上完成。2023 年 4 月，京东云正式发布首款基于 ARM 架构的云主机。2024 年 8 月，京东云正式上线《黑神话：悟空》专属服务。

课堂思考

在未来的物流发展中，你觉得还有哪些物流的领域可以融入科技的元素？

素养园地

运去哪创始人周诗豪：我的梦想是让物流大国走向物流强国

周诗豪，运去哪的创始人兼 CEO，2000 年毕业于上海交通大学国际贸易专业，三度创业，曾从 3 个人的公司做到 150 人，也曾创造过高达 5 亿元的年销售额。

运去哪于 2015 年 2 月正式上线，是一个致力于通过引入互联网模式，帮助买家（贸易进出口企业等）与卖家（货运代理公司）实现在线撮合交易的第三方平台。针对传统国际供应链物流市场的信息不对称不透明、执行环节冗长、服务同质化现象严重的弊端，周诗豪的运去哪为行业注入了新鲜的互联网血液，“通过我们的平台，买卖双方可以获得更全面、透明的信息，通过企业认证，货代公司可以在网站上发布航线信息，贸易进出口企业也可以获得公开透明的价格比较。”周诗豪解释道。

周诗豪曾把运去哪与京东作过比较，同为用互联网思维改变传统行业，然而不同于京东面向C端，运去哪是一个典型的B2B。“早在十年前就有人曾经做过国际供应链物流平台，那时只是一个单向的信息展示，效果并不好。运去哪最大的不同就在于我们的撮合交易模式及优质的服务团队。”

曾经，中国制造（made in China）和中国创造（created in China）引得国人奋发创新，周诗豪在国际物流领域的多年求索让他深谙中国的国际物流行业较欧美国家仍处于劣势。他有一个梦想，将中国从一个物流大国变成物流强国。“中国的国际物流交易规模占据了全球份额的50%，然而利润分成仅占全球份额的10%，这样的比例悬殊，让我不得不想这个物流大国何时可以走向真正的物流强国。”互联网在中国的欣欣向荣让周诗豪看到了新的希望，于是，运去哪这样一个诞生于中国的国际供应链物流服务平台出现了。

大学毕业后，周诗豪为清华同方的智能家庭安防系统做过安徽省代理，随即进入国际物流行业，工作五年，2005年开始创业，创办国际物流公司，从3人做到150人，至今运作良好，同时也发现了传统国际物流行业的弊端和桎梏，遂创办运去哪。一步一个脚印，每一步都是在日臻完善。“创业就是一个不断自我完善的过程，在创业的过程中，你会看到很多身为一个打工者时你发现不了的缺陷和误区，这种新的改变和挑战是我十分享受的。”周诗豪坦言。

分析提示：党的二十大报告强调“青年强，则国家强”，指出“当代中国青年生逢其时，施展才干的舞台无比广阔，实现梦想的前景无比光明”，对广大青年提出了“立志做有理想、敢担当、能吃苦、肯奋斗的新时代好青年”的要求，充分体现了党对青年一代的亲切关怀和殷切期待，为青年一代健康成长指明了努力方向。作为新时代的青年，我们既要读万卷书，也要行万里路，我们在中华民族伟大复兴的道路上，应该像周诗豪一样，把个人的理想抱负融入国家的发展当中。在面对困难和挫折时，我们要做到坚持不懈、百折不挠，凭借坚忍不拔的意志、锲而不舍的精神战胜困难和挫折，始终经受得住各种困难和挫折的考验，为实现中国特色社会主义共同理想不懈奋斗。

课堂练习

1. 京东仓库智能分拣机器人“小黄人”主要依赖什么进行导航？（　　）

A. GPS定位　　B. 扫描二维码

C. 无线电波　　D. 超声波

2. 京东无人配送车具备哪些功能？（　　）

A. 自主路径规划　　B. 识别红绿灯

C. 避让行人　　D. 以上都是

3. 京东无人仓的主要特点是什么？（　　）

A. 全系统智能化和无人化　　B. 依靠人力进行分拣

C. 依赖传统物流设备进行运作　　D. 仅适用于小件商品配送

4. 京东无人仓中使用了哪些技术来实现智能搬运？（　　）

A. 2D视觉识别　　B. 3D视觉识别

C. 红外测距技术　　D. 以上都是

5. 京东云作为云计算服务提供商，主要依托哪些技术和服务平台？（　　）

A. 云计算　　B. 大数据

C. 物联网　　D. 以上都是

任务四 京东物流的仓储服务

任务描述

接下来小玲开始进入京东仓库，学习京东物流的核心业务之一——仓储服务。现代化的自营仓库拥有哪些最新设备？整个仓储作业流程又是怎样的呢？带着这些疑问，小玲开始了她的学习旅程。

任务目标

1. 掌握京东商城的仓储体系现状；
2. 了解京东现代化运营中心——“亚洲一号”。

任务实施

一、京东物流的仓储现状

（一）京东物流的现状

目前，京东商城采取自建物流体系服务，物流系统开发、仓储、配送等所有电子商务环节都从外包转为自营，这说明目前中国第三方物流服务是落后的，已经跟不上B2C电子商务市场上这些企业的速度了。对电子商务企业来说，物流的水准也直接决定了企业的水准。

（二）京东商城的仓储体系现状

京东在华北（北京）、华东（上海）、华南（广州）、西南（成都）、华中（武汉）、东北（沈阳）、西北（西安）、山东（德州）建立了8大覆盖全国各大城市的物流中心；在天津、苏州、杭州、南京、深圳、宁波、无锡、济南、武汉、厦门等城市建立了配送站。

除了8大物流中心，京东商城在全国范围内还建立了15～20个二级库房，达到了每隔 600 公里就有一座京东商城的仓储中心或库房的目标，再加上京东商城城市配送站，实现了对所有全国发达、重要城市的覆盖。而且根据战略规划引入高科技物流生产、管理设备，扩充物流人员，以满足京东自身的销售服务体系。

（三）仓库选址标准

（1）日订单量超过 5 000 个的地区，租用仓库；

（2）日订单量大于 10 万个的地区，建立物流中心；

（3）8 个一级仓库基本布局于一线城市或省会城市，二级仓库建在二、三线城市。

京东供应链如图 1-19 所示，可以看出，仓储是京东供应链的重要组成部分。

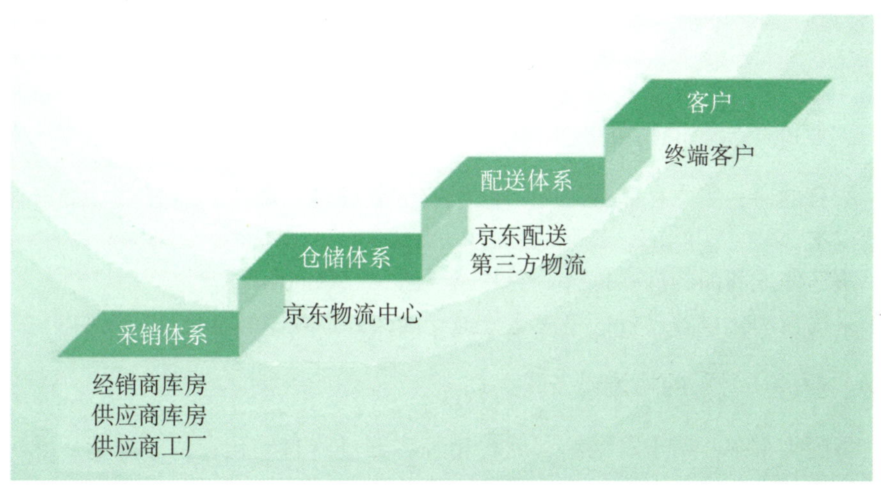

图 1-19　京东供应链

二、“亚洲一号”

京东立志将自动化运营中心打造成亚洲 B2C 行业内建筑规模最大、自动化程度最高的现代化运营中心，因此，京东将该项目命名为“亚洲一号”。

作为一个高科技的物流中心，京东“亚洲一号”仓库现分布在北京、上海、广州、沈阳、西安、成都、武汉等区域中心地带，覆盖全国。

“亚洲一号”完全由京东自购土地、自主设计完成，集仓储、分拣、备件、售后、宿舍、餐厅等功能于一体，根据业务需要和物流设备投入差异，分为三种类型：高度自动化项目、适度自动化项目、普通园区。

“亚洲一号”通过在商品的立体化存储、拣选、包装、输送、分拣等环节大规模应用自动化设备、机器人、智能管理系统，来降低成本和提升效率。同时，京东物流根据全国各个区域的商品属性和分拣需求进行统筹规划和布局，有针对性地解决大、中、小件订单不均衡、场景复杂的难题，实现物流综合处理能力的有机匹配和全面提升。

京东“亚洲一号”外观如图 1-20 所示。

图 1-20　京东“亚洲一号”外观

（一）“亚洲一号”的特点

（1）所有的商品集中存储在同一物流中心的仓库内，减少跨区作业，提升客户满意度，降低成本。

（2）快速完成商品的拆零拣选，合并属于同一订单的商品。

（3）采用自动化设备进行订单快速分拣，确保分拣效率和准确性。

（二）“亚洲一号”的物流设备

（1）货到人系统：用于对纸箱、周转箱等容器进行自动化存取、搬运，并可实现货物到人的拣选技术。

（2）自动存取系统：即 AS/RS（Automated Storage and Retrieval System），也就是自动化立体仓库系统，高密度存储形式，能够充分利用存储空间。

京东自动化立体仓库系统如图 1-21 所示。

图 1-21　京东自动化立体仓库系统

（3）交叉带分拣机系统：高速自动化分拣系统，适用于中、小件型的包裹分拣，配合全自动供包形式，最大限度地降低人员投入，提高分拣效率。如图 1-22 所示。

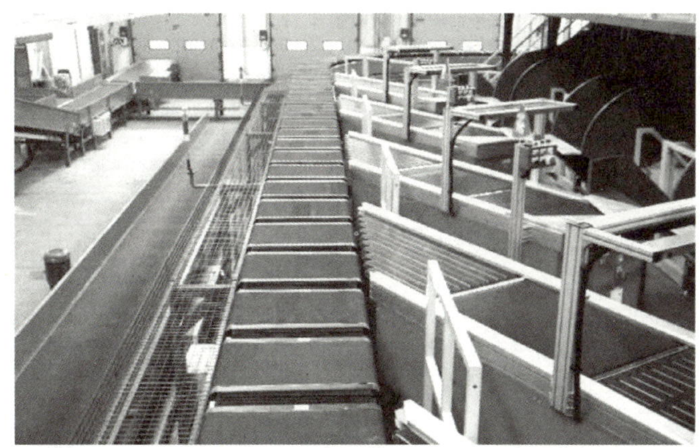

图 1-22 京东交叉带分拣机系统

(4) AGV 系统：自动引导小车（Automated Guided Vehicle，AGV）替代了人工模式的搬运重物和重复常规的物料搬运工作，能够和机器人、自动化立体仓库等联合作业。

(5) 多层阁楼拣货区：一种充分利用空间的由钢结构搭建而成的多层货架系统，员工在巷道内拣货。“亚洲一号”的部分项目采用四层阁楼货架系统，增加可用拣选面积，同时最大化地利用了存储空间。

京东的“多层阁楼拣货区”采用了各种现代化设备，实现了自动补货、快速拣货、多重复核手段、多层阁楼自动输送能力，实现了京东巨量 SKU 的高密度存储和快速准确的拣货与输送能力。

多层阁楼是实现仓储空间利用率最高的物流中心设计方式，但如果没有高效的系统和自动传送能力，还是会出现各种作业瓶颈。目前京东“亚洲一号”通过系统集成成功实现了两全其美。京东仓储多层阁楼拣货区如图 1-23 所示。

图 1-23 京东仓储多层阁楼拣货区

(6) 输送系统：“亚洲一号”各物流中心内使用了大量的输送线以减少货物搬运量，减轻人员的劳动强度，提升自动化水平。其输送系统如图 1-24 所示。

图 1-24 “亚洲一号”仓储货物输送系统

京东“亚洲一号”的生产作业区采用京东自主开发的任务分配系统和自动化的输送设备，实现了每一个生产工位任务分配的自动化和合理化，保证了每一个生产岗位的满负荷运转，避免了任务分配不均的情况，极大地提高了劳动效率。

生产作业分为两大类：一类是批次作业，主要通过“亚洲一号”的全自动化作业设备及输送设备（如图 1-25 所示）实现；另一类是高效作业，实现物流中心高效作业的关键是合理地匹配作业任务，实现最优的拣选路径。一个电商物流中心的拣货工人一天要跑 20 多公里，路径优化是电商物流精细化运营的关键。

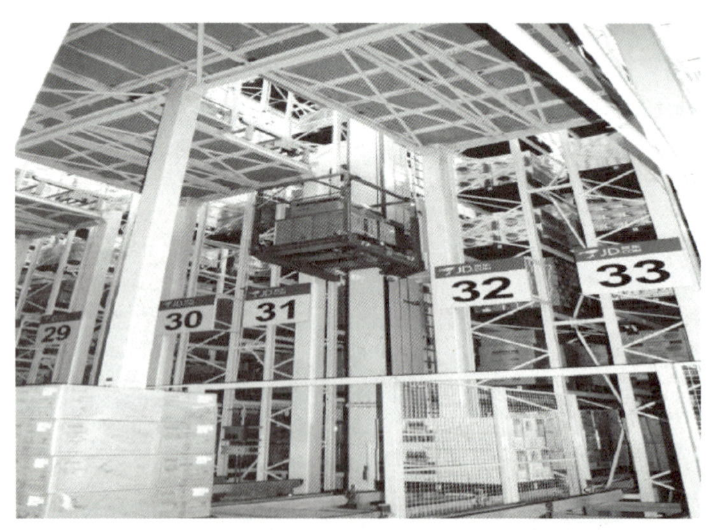

图 1-25 “亚洲一号”全自动化作业设备及输送设备

（7）分拣系统：出货分拣区采用了自动化的输送系统和代表目前全球最高水平的分拣系统，分拣处理能力达 16 000 件/小时，分拣准确率高达 99.99%，彻底解决了人工分拣效率差和分拣准确率低的问题。物流中心的作业瓶颈很多时候出现在出货分拣区，特别是在分批次拆单作业，最后合单打包物流的时候，这是考验后台 IT 系统与前台作业系统协同的关键。

“亚洲一号”分拣系统如图 1-26 所示。

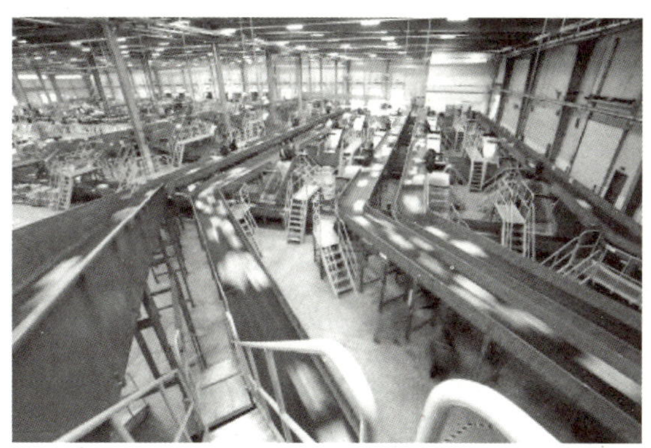

图 1-26 “亚洲一号”分拣系统

课堂练习

1. 下列哪一项不属于“亚洲一号”的类型？（　　）

A. 高度自动化项目　　B. 适度自动化项目

C. 普通园区　　D. 特殊园区

2. 对纸箱、周转箱等容器进行自动化存取、搬运，并可实现货物到人的拣选技术属于（　　）系统。

A. 货到人系统　　B. 自动存取系统

C. AGV 系统　　D. 输送系统

3. 替代了人工模式的搬运重物和重复常规的物料搬运工作，能够和机器人、自动化立体仓库等联合作业的是（　　）系统。

A. 货到人系统　　B. 自动存取系统

C. AGV 系统　　D. 输送系统

4.（　　）是一种充分利用空间的由钢结构搭建而成的多层货架系统，员工在巷道内拣货。

A. 多层阁楼拣货区　　B. 自动存取系统

C. AGV 系统　　D. 输送系统

5.（　　）彻底解决了人工分拣效率差和分拣准确率低的问题。

A. 多层阁楼拣货区　　B. 自动存取系统

C. AGV 系统　　D. 分拣系统

任务五　京东物流的配送服务

任务描述

在学习了京东物流仓储服务后，小玲开始了实习期的最后一站——京东物流配送服务。京东配送的模式有哪些？各种模式的相同点和不同点又在哪里呢？带着疑问，小玲开始了新的学习。

任务目标

1. 了解京东物流的配送优势；
2. 了解京东与供应商的合作配送模式；
3. 分析四种合作配送模式的不同点。

任务实施

一、京东物流的配送优势

京东物流在成本控制方面较为领先：一方面，京东仓库购地成本很低，例如，京东在河南郑州签约购地，会将结算、税收都留在河南，并创造就业条件，所以能够以十分优惠的价格拿到土地；另一方面，大型物流仓库都会用于租售。

自建物流体系能够让京东为用户提供正品保证，并且合理匹配用户的收货时间——考虑到不少用户的工作时间，京东可以做到每天三个时间段送货上门，这是第三方物流难以实现的。

二、京东与供应商的合作配送模式

京东与供应商的合作配送模式有四种。

（一）FBP 模式

1. FBP 模式简介

FBP（Fulfilled by POP）模式是一种全托管式的物流配送模式。其工作流程如图 1－27 所示。商家与京东商城确定合作后，商家在京东商城上传店铺信息和标价并进行备货，京东商城在消费者产生订单后从仓库进行调货、打印发票，同时进行货物的配送，交易结束后京东与商家进行结算。京东商城根据消费者订单进行货物配送和开具发票，商家查看库存信息及时进行补货，从而在配送过程中减少货物运输的成本。由于商家提前进行备货，因此，京东商城能够第一时间进行货物配送，缩短配送时间，做到京东提出的“211 限时达”服务。

图 1－27　FBP 模式的工作流程

2. FBP 模式适用情况

该模式与京东自己采购的模式比较类似，京东的仓储、配送系统覆盖全国的自提点，各自提点都可以享受同等服务，京东给所有的消费者开具京东的发票。

京东目前在全国有 8 个物流中心，商家可以选择使其产品进入京东的仓库，每个仓库入多少货由商家来决定，选择入几个库也由商家决定。但是入哪个仓库就只能在该仓库覆盖的区域进行销售，如果商家希望做活动，或者京东有网上促销等活动，则必须 8 大仓库都有货。

这种模式下，货物配送可以做到“211 限时达”和全场免运费，客户体验和配送服务效果都非常好，客户删单和退货是最少的，发货速度是最快的。

FBP 模式比较适合刚开展电子商务的商家，或者有实力的商家，其优势在于商家拥有定价权，即商品的价格由商家来定，商家也可以自己来决定库存。商家只需要专注自己的产品研究、产品的销售策略，其他的事情从仓储到配送等都可以交给京东来操作。

在此模式下，月结款时需要给京东开增值税发票。

（二）LBP 模式

1. LBP 模式简介

LBP（Logistics by POP）模式是一种无须提前备货的配送模式。其工作流程如图 1-28 所示。商家与京东商城确定合作后，商家无须备货，只需在 12 小时内对货物进行包装和发货，36 小时内到达京东配送中心，由京东进行货物的配送和发票的开具。京东商城与商家合作时，只提供配送和客服两项服务，减轻了京东的库存压力。运用 LBP 模式的优势在于，产生订单后，商家能够第一时间进行配货，发货相对方便。但是货物在配送时需经过京东配送中心，导致运输速度有所下降，配送周期有所增加，因此加大了商家的配送运输成本，降低了京东的配送效率。

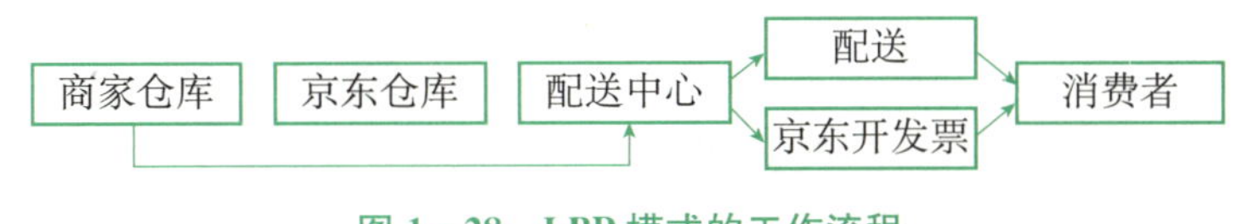

图 1-28 LBP 模式的工作流程

2. LBP 模式适用情况

该模式适合服装、鞋类和 SKU 数非常多但入库比较麻烦的其他产品，或者库存比较紧张的商家。

（三）SOPL 模式

SOPL（Sales on POP Logistics）模式与 LBP 模式相似，其工作流程如图 1-29 所示。商家与京东商城确定合作后，商家无须备货，只需在 12 小时内对货物进行包装和发货，36 小时内到达京东配送中心，由京东进行货物的配送。与 LBP 模式不同的是，SOPL 模式的发票开具环节是由商家完成的，京东在整个物流过程中只提供配送服务，其他的工作都由商家自己完成。SOPL 模式的运用，一定程度上减轻了京东仓储的压力，减少了物流配送过程中的配货成本。与 LBP 模式相同，订单的生成和发货从商家开始，会影响货物的发货速度和运输时间，降低配送效率，导致客户满意度下降。

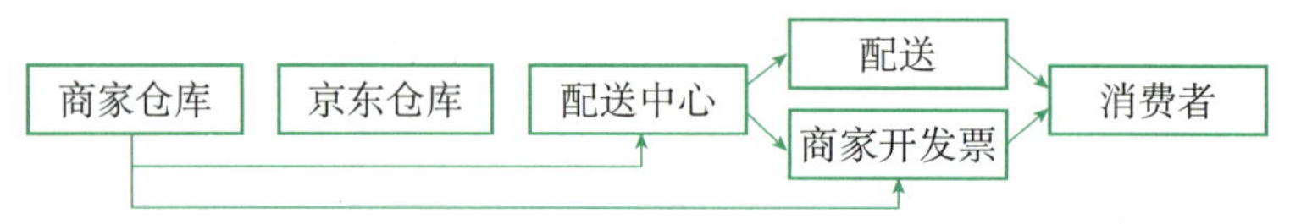

图 1-29　SOPL 模式的工作流程

（四）SOP 模式

SOP（Sales on POP）模式是一种直接由商家发货的物流配送模式，京东在物流过程中不起任何作用。商家与京东商城合作，京东商城只提供可操作的后台，物流配送的工作以及后期服务全部由商家自己完成。京东商城只要求商家在订单产生 12 小时内进行配货发送。SOP 模式的整个物流配送过程都由商家独自完成，这大大降低了京东商城的物流配送压力，减少了配送支出和运输成本，减轻了京东的库存压力。SOP 模式的优势在于商家已有成熟的团队同时操作京东平台。

综上所述，京东与供应商的合作模式及其流程如图 1-30 所示。

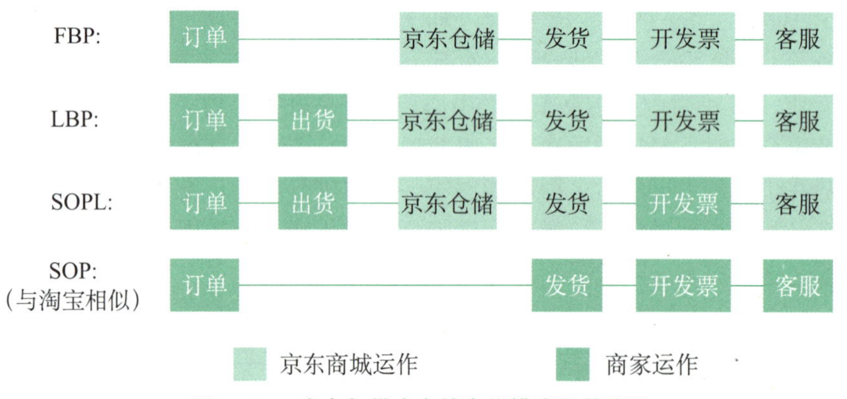

图 1-30　京东与供应商的合作模式及其流程

素养园地

京东式乡村振兴：全面打造乡村“奔富”全景图

“今年采摘下来的 8 万斤猕猴桃已经存放在武功仓里了，终于不愁卖，也不怕坏了！”猕猴桃采摘季节刚过，陕西省周至县果农佑长江就已经把猕猴桃全部出货，落袋为安了。

往年果农们最头疼的就是猕猴桃成熟后不能及时卖掉，果子烂在果园里，而今年（2021 年）这个问题终于得到了彻底解决。而这背后依靠的是智能供应链，通过京东与陕西武功县政府联合打造的西北地区首家最大规模的产地智能供应链中心，可以将果品采购、冷藏、加工、分选、包装、物流配送等环节赋能给产地，为果农提供一揽子的包销服务。

可以说，从互联网＋时代开始，农业、农村、农民逐渐走出传统模式，进行了多次更迭。从线下到线上，从脱贫到奔富，再加上基础设施的建设与完善、各平台的加持，乡村振兴成为当下的主流发展趋势。

在乡村振兴的道路上，京东早在2014年就开始在助农之路上进行了长远布局。从生鲜电商上行、工业品下乡到电商扶贫、产业扶贫，依靠多年经验、技术的积累以及基础设施的建设，京东逐渐走出了具有自身特色的助农之路。

1. 供应链上的助农“新样板”

京东充分发挥全产业链资源的优势，来推动地方农特产品的数字化与智慧化改造升级，打造高质量农产品，进而推动中国农业产销正循环，实现乡村振兴。

当然，京东在助农方面有着独特的优势。首先是产地仓布局，前面提到的京东陕西武功县智能供应链中心，就带动了猕猴桃产业的发展。京东基于产业带特色产品打造的产地仓，是释放产业带生产力、助力产业带发展的重要基础设施。

2. 乡村振兴需要“新农人”

据中国第七次人口普查统计，中国城市化率已经超过60%，城市人口已多于农村人口。不过，中国目前城市化率的统计是按居住地来进行的。若按户籍来统计，中国户籍城市化率仅仅略超过45%，大多数人口仍然是农村户籍。换句话说，大约占全国人口总数15%的农民进城却同时保留了农村户籍。

反过来看，农村也需要发展，但缺少年轻人，而乡村振兴的全面推进，让乡村人才供求矛盾更加凸显，所以，目前很多公司以及政策都在鼓励年轻人回乡。为了鼓励更多的年轻人回到家乡振兴当地经济，京东从2014年起鼓励员工回乡创业，比如建立“先锋站”，服务当地居民的线上消费，后来升级为京东物流的站点。

几年来，这一模式带动了500多个京东员工回乡创业，雷小磊就是其中一位。随着先锋站逐渐扩大，雷小磊从“光杆司令”变成了现在名副其实的站长，担任京东物流西北分公司新疆伊博片区的负责人。

有数据统计，京东一线员工中超过80%来自农村，解决了超过20万农村地区人口的就业问题，通过提供稳定的收入、五险一金等福利，为员工提供更好的生活和就业路径，为20余万农村家庭和超过100万农村人口带来收入保障。

在打造产业带方面，京东已经形成了具有自身特色的发展模式，打造乡村“奔富”全景图。通过智能化供应链的打造，不断发掘源头好物，将产品标准化、产业集群化，打造农产品品牌，逐渐形成“质量越高—消费者越满意—农户收益越高—改善生产—提供更多高质量农产品”的闭环正向循环。

分析提示：党的二十大报告强调，“全面推进乡村振兴”，“促进区域协调发展”。乡村振兴方面，报告指出“全面建设社会主义现代化国家，最艰巨最繁重的任务仍然在农村”，为此要求“坚持农业农村优先发展，坚持城乡融合发展，畅通城乡要素流动”。京东的乡村振兴产业经济带动了越来越多像雷小磊一样的年轻物流人投身到乡村建设中来，他们借助互联网和数字经济的发展态势，脚踏实地、敢想敢为又善作善成，立志做有理想、敢担当、能吃苦、肯奋斗的新时代好青年，让青春在全面建设社会主义现代化国家的火热实践中绽放。

课堂练习

1. 目前京东商城最大的仓储中心是哪一年建立的？（　　）

A. 2007 年　　B. 2009 年　　C. 2010 年　　D. 2011 年

2. 哪种配送模式下，京东负责货物配送、开具发票，商家提前备货，适合刚做电商或有实力的商家？（　　）

A. FBP　　B. LBP　　C. SOPL　　D. SOP

3. 以下哪种配送模式下，商家无须备货，发货相对方便，但会增加配送运输成本、降低京东配送效率？（　　）

A. FBP　　B. LBP　　C. SOPL　　D. SOP

4. 在哪个配送模式中，京东在物流过程中不起任何作用，只提供可操作后台？（　　）

A. FBP　　B. LBP　　C. SOPL　　D. SOP

知识小结

1. 电子商务物流的含义。
2. 电子商务物流配送的含义。
3. 电子商务物流配送的作业流程及模式。
4. 自建物流的含义。
5. 自建物流的运营模式。
6. 以京东物流为代表的自建物流所使用的新技术和新设备。
7. 京东物流的仓储服务。
8. 京东物流的配送服务。

练习提升

一、单选题

1. 自建物流是指自营型的企业（集团）通过独立组建（　　），实现对内部各部门、场、店的物品供应。

A. 物流中心　　B. 配送中心　　C. 仓库　　D. 物流车队

2. 社会物流总费用与 GDP 的比率逐渐下降，说明物流产业（　　）的态势明显，物流运行质量和效率有所提升。

A. 停滞发展　　B. 走向滑坡　　C. 转型升级　　D. 速度缓慢

3. 京东商城通过自建物流能够将物流控制在（　　）手里，并且形成了对整个供应链链条的控制。

A. 第二方　　B. 第三方　　C. 供应商　　D. 自己

4. 以下哪一项不属于自建物流的劣势？（　　）

A. 投资过大，资金周转困难　　B. 增加企业运作的风险

C. 提高交易成本　　D. 配送效率低下

5. 以下哪一项不属于京东的新设备？（　　）

A. 无人机　　B. 无人配送车　　C. JIMI　　D. 小G机器人

6. 京东与供应商的合作模式中，以下哪种模式需要供应商自己发货？（　　）

A. FBP　　B. LBP　　C. SOPL　　D. SOP

7. 以下哪一种配送模式属于全托管式配送模式？（　　）

A. FBP　　B. LBP　　C. SOPL　　D. SOP

8. 目前京东已经在全国范围内拥有（　　）个一级库房。

A. 5　　B. 6　　C. 7　　D. 8

9. 京东提供的一项可以选择精确收货时间段的增值服务是（　　）。

A. 211限时达　　B. 极速达　　C. 夜间配　　D. 京准达

10. 有望被用于乡村地区的物流配送设备是（　　）。

A. 无人配送车　　B. 无人机　　C. 京东云　　D. 无人仓库

二、判断题

1. 我国社会物流总费用占GDP比重一直远高于发达国家。（　　）

2. 自建物流模式优于第三方物流模式。（　　）

3. 我国目前整个物流市场已经高度成熟。（　　）

4. LBP模式下京东商城负责发货环节。（　　）

5. FBP模式能够第一时间进行货物配送，缩短配送时间，做到京东提出的“211限时达”服务。（　　）

6. “亚洲一号”通过在商品的立体化存储、拣选、包装、输送、分拣等环节大规模应用自动化设备、机器人、智能管理系统，来降低成本和提升效率。（　　）

7. 商品条码只能由客户自己粘贴。（　　）

8. AGV系统能最大化地降低人员投入，提高分拣效率。（　　）

9. 针对供应链中的大型企业，银行可以丰富融资风控模型，减少线下人工采集和确认信息真实性的工作量，开展动产评估下的融资服务。（　　）

10. 仓库智能分拣机器人主要通过识别场地中的红外线来选择前进的路线。（　　）

知识拓展

电子商务快递

在我国，较大型的电子商务企业不惜重金自建物流系统和快递网络，这种模式使电子商务企业对快递环节易于控制，与其他环节配合更紧密，有效提高顾客服务质量，对供货情况易于追踪管理，有利于维护企业与顾客的长期关系。

电子商务促进快递业发展，即电子商务改变了传统的物流观念、运作方式、组织和管理，对物流提出人才、网络技术等的新要求。

近年来，电子商务以其巨大优势，受到了政府和企业界的高度重视，企业、社团、政府和个人纷纷以不同形式加入电子商务活动中。在电子商务改变传统产业结构时，快递业作为物流业与电子商务密切联系配合的重要代表也不可避免地受到影响。有资料显示，电子商务业务量已经占据多家知名快递企业总业务量的六成以上，快递业必须高度重视电子商务业务量的增长规律。电子商务对快递业的影响主要体现在电子商务促进物流基础设施的改善、电子商务要求快递实现实时控制、电子商务改变快递企业的竞争状态（由单纯的物流成本竞争转向物流管理水平和服务质量的竞争）等方面。

第三方物流模式

学习背景

进入21世纪，随着作为新兴产业之一的现代物流业的迅猛发展，国内的物流公司如雨后春笋般涌现，进而形成了第三方物流产业。相比传统的物流公司，第三方物流更专业，综合成本更低，配送效率更高，已经成为国际物流业发展的趋势、社会化分工和现代物流发展的方向。据美国权威机构统计，通过第三方物流公司的服务，企业物流成本下降了11.8%，物流资产下降了24.6%，办理订单的周转时间从7.1天缩短为3.9天，存货总量下降了8.2%。

在西方发达国家，第三方物流已经是现代物流产业的主体。第三方物流在我国的发展也极为迅速，截至2025年1月，中国国内已经注册的物流企业从1997年的宝供物流发展到180万余家。目前我国物流企业以中小企业为主，并且物流企业的数量呈逐年上升趋势。虽然我国物流企业的发展势头十分迅猛，但因为第三方物流企业出现的时间比较晚，且这些企业没有很深入地理解第三方物流，所以，在我国，第三方物流的发展存在着许多问题。

学习目标

- 知识目标

1. 了解第三方物流的含义；
2. 了解第三方物流企业的基本组织结构；
3. 知道第三方物流运作模式及盈利模式；
4. 理解第三方物流在电商物流中的优劣势；
5. 了解第三方物流常用的设备；
6. 了解快递公司的淘宝订单操作流程。

- 技能目标

1. 学会第三方物流的实际运作流程；
2. 掌握第三方物流模式使用的物流技术。

- 素养目标

1. 激发学习电子商务物流的兴趣；

2. 进行职业定位，培养职业素养。

学习任务

任务一 初识第三方物流

任务描述

小明刚到一家第三方物流公司上班，初入职场，一切都比较陌生，小明对第三方物流非常好奇，想弄懂它是怎样的一种物流形式，以便自己以后更好地工作。

任务目标

1. 了解第三方物流的含义；
2. 理解第三方物流产生的原因；
3. 掌握第三方物流企业的基本组织结构。

任务实施

一、第三方物流的含义

第三方物流是相对“第一方”发货人和“第二方”收货人而言的，是由第三方物流企业来承担企业物流活动的一种物流形态。第三方物流既不属于第一方，也不属于第二方，而是通过与第一方或第二方的合作来提供专业化的物流服务，它不拥有商品，不参与商品的买卖，而是为客户提供以合同为约束、以结盟为基础的系列化、个性化、信息化的物流代理服务。第三方物流系统如图 2－1 所示。

第三方物流企业的典型代表——宝供物流企业集团有限公司创建于 1994 年，总部设在广州，是国内第一家经国家工商总局批准以物流名称注册的企业集团，是中国最早运用现代物流理念为客户提供物流一体化服务的专业公司，也是目前我国最具规模、最具影响力的第三方物流企业之一。

二、第三方物流产生的原因

第三方物流的产生是社会分工的结果。在业务外包等新型管理理念的影响下，各企业为增强市场竞争力，而将企业的资金、人力、物力投入其核心业务上去，寻求社会化

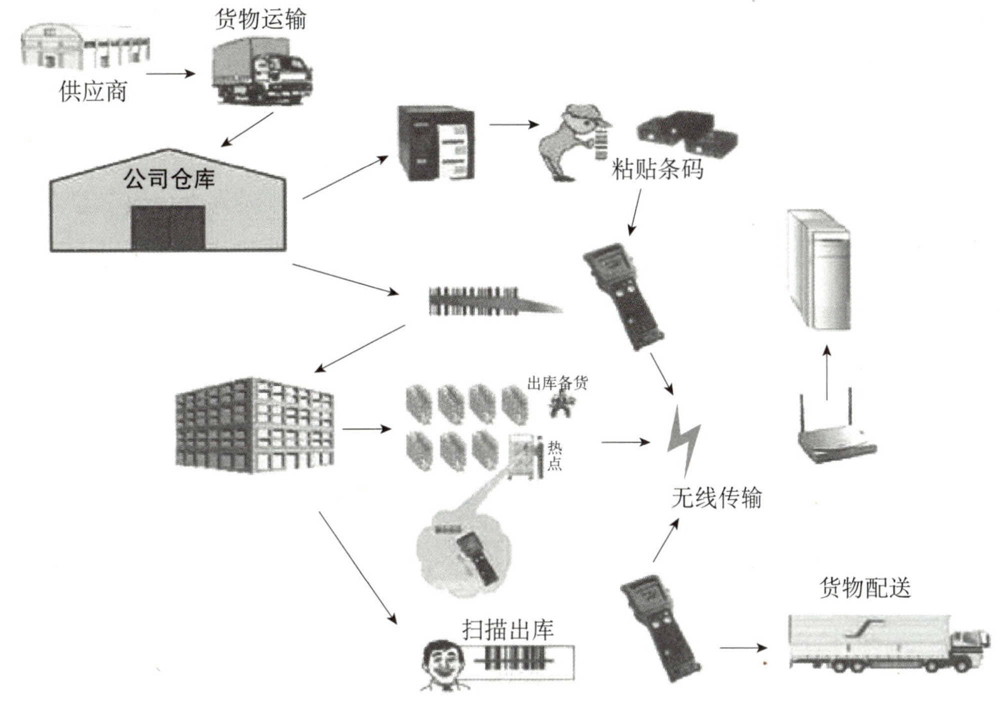

图 2-1 第三方物流系统

分工协作带来的效率和效益的最大化。

专业化分工的结果导致许多非核心业务从企业生产经营活动中分离出来，其中包括物流业务。将物流业务委托给第三方专业物流公司负责，可以降低物流成本，完善物流活动的服务功能。于是，第三方物流应运而生。

三、第三方物流企业的基本组织结构

一般来说，第三方物流企业由以下部门组成：

(1) 市场部。市场部主要负责物流服务的定价工作，制定市场营销策略，并制定精准的客户服务方案，做好售后服务等。

(2) 运营部。运营部是最核心的一个部门，这个部门负责企业的主要物流业务，如订单处理、运输、仓储、报关等。

(3) 研究开发部。研究开发部主要负责企业信息系统的管理，还有一些新技术的研发，由于近年来电子商务发展迅猛，该部门也要思考如何更好地将物流与电子商务进行融合。

(4) 企业管理部。企业管理部主要负责企业内部事务的综合管理，如数据的统计分析、人事招聘、服务质量管理、后勤等。

(5) 财务部。财务部主要负责企业的账务处理。

第三方物流企业的基本组织结构如图 2-2 所示。

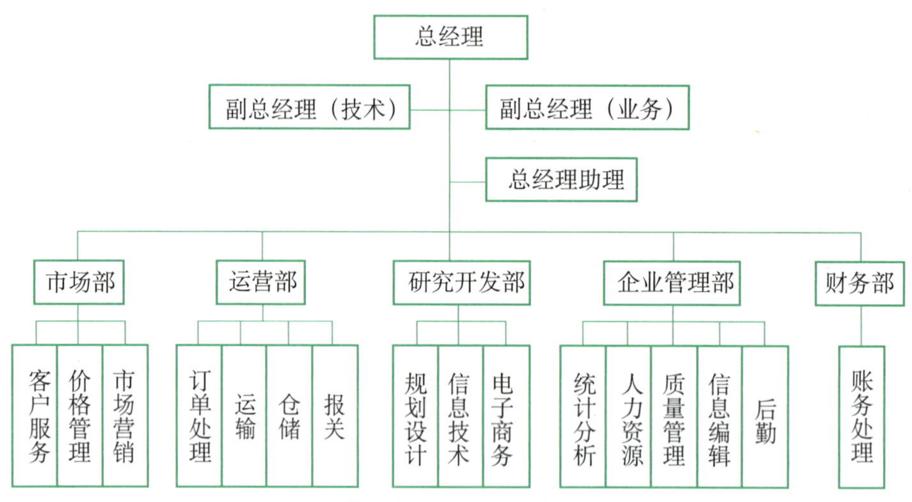

图 2-2 第三方物流企业的基本组织结构

素养园地

无人仓改革人李想

重庆长安民生物流股份有限公司智能设备研发经理李想，以在自动化立体仓库、AGV 自动搬运车、智能可穿戴设备、轮胎自动分装生产线等方面的研究成果，成功荣获 2019 年的“重庆五一劳动奖章”。

李想毕业于西华大学工业工程专业，2014 年进入长安民生物流，主要从事物流智能装备研究及应用推广工作。

随着中国人口红利的慢慢减退，依赖人力的物流行业正在发生翻天覆地的变化，最显著的变化之一，便是正在由劳动密集型企业向技术密集型企业转型。

以长安民生物流为例，正在以“四+”——“客户体验+”“大数据+”“智能化+”“互联网+”为抓手，向汽车智慧物流转型。而李想，便是这个转型浪潮中表现最出色的人之一。

作为长安民生物流的智能设备研发经理，李想和团队一起探索自动化立体仓库在汽车零部件物流中的推广应用，推动了杭州二期立体仓库的建立。这个项目利用自动控制系统和信息管理系统，实现仓库的智能化和数字化管理，是国内首个规模最大的第三方汽车物流自动化立体仓库。该仓库近 1.5 万个库位，19 米储存高度，每天出入库能力达 6 400 托盘，效率比之前提高 40%，储存能力提高 60%。

此外，李想还和团队一起探索 AGV 在长安民生物流作业过程中的应用。“集团给我们下了任务指标，要求每年都要推动一部分智能化设备落地应用，并要求在效率提升等方面达到一定的效果。”李想介绍，2018 年 2 月，他与同事一起筹备无人仓的打造，目的便是加快推动汽车智慧物流的转型。

李想介绍，以前的作业模式是工人使用地牛（仓库常用的一种搬运工具）叉取物料、库内转运，人员投入较多，且效率较低，拣料全靠工人熟练度。应该如何打造无人仓库，是摆在李想等人面前的一道难题。

经过几个月的现场调研、项目方案评审等工作，长安民生物流最终选择了背负式二维码导航 AGV（Kiva 机器人）。“我们可以提前设定 AGV 小车的行走路线，同时 AGV 小车周身都有各种感应设备，可以自动感应到周边的障碍物，不会出现碰撞等问题。”李想表示，当零件有出库需求后，系统发布指令给 AGV 小车，AGV 小车到指定的库位上将其搬运至发货道口，然后由人工拣选零件进行发货。

根据测算，无人仓项目可节省人工 25 人，地牛 20 台，同时基本消除错拣漏拣的现象。无人仓库上线后，可为公司每年节省 200 万元。

该仓库于 2019 年初正式上线运营，仓库面积 6 000 平方米，存储库位 1 469 个，投入 AGV 小车（仓储搬运机器人）40 台，是国内最大的汽车物流无人仓库。

“李想在工作中具有较强的创新创造能力，擅长于非标设备项目设计与开发。”长安民生物流的相关负责人介绍，李想获得及申报专利共计 33 项，参与编写专业图书 3 部，极大地推进了先进技术在物流行业的应用和推广。

此外，李想还与团队一起研发了流通加工自动化智能化、物联网及智能穿戴设备、仿真技术在物流技术研究及推广过程中的应用等。其中，主导了 RFID 技术在汽车物流过程中的应用，建成了全国首家无人机结合 RFID 整车盘点项目。该项目全程由长安民生物流自主研发，大幅缩短了整车场内盘点所需时间，提升了盘点数据的准确性和可靠性。盘点一辆车只需要 1～2 秒，盘点准确率高达 100%，实现对整车场商品车的实时动态显示与管理，效率提升 300%。

突出的工作成绩让李想先后获得 2017 年中物联汽车物流分会“汽车物流行业创新奖”3 项，2018 年中物联年度科技进步奖一等奖 1 项、二等奖 3 项、三等奖 1 项，重庆市两江新区“2018 年两江最美工匠”称号等荣誉。

分析提示：党的二十大报告指出：“必须坚持科技是第一生产力、人才是第一资源、创新是第一动力，深入实施科教兴国战略、人才强国战略、创新驱动发展战略，开辟发展新领域新赛道，不断塑造发展新动能新优势。”“加快实施创新驱动发展战略”。“加快实现高水平科技自立自强。”培养学生创新精神，增强学生投身专业创新研究的使命感，鼓励学生把爱国情怀转化成为奉献的实践行动。

课堂练习

1. 第三方物流是由（　　）来承担企业物流活动的一种物流形态。

A. 第一方发货人　　B. 第二方收货人

C. 第三方物流企业　　D. 第一方与第二方共同

2. 宝供物流企业集团有限公司创建于（　　）。

A. 1993 年　　B. 1994 年　　C. 1995 年　　D. 1996 年

3. 第三方物流产生的原因是（　　）。

A. 企业想要扩大规模　　B. 社会分工的结果

C. 物流技术革新　　D. 政府政策推动

4. 第三方物流企业最核心的部门是（　　）。

A. 市场部　　B. 运营部　　C. 研究开发部　　D. 企业管理部

5. 第三方物流企业中，负责思考如何更好将物流与电子商务进行融合的部门是（　　）。

A. 市场部　　B. 运营部　　C. 研究开发部　　D. 企业管理部

任务二　第三方物流运作模式及盈利模式

任务描述

小明对第三方物流已经有了初步的认识，但是他觉得还不够，还需要更加深入地了解。他对第三方物流的运作模式和盈利模式产生了浓厚的兴趣。

任务目标

1. 了解第三方物流的运作模式；
2. 了解第三方物流的盈利模式。

任务实施

一、第三方物流的运作模式

（一）传统外包型物流运作模式

传统外包型物流运作模式是最为简单的第三方物流运作模式，是指第三方物流企业独立承包一家或多家生产商或经销商的部分或全部物流业务。企业外包物流业务，降低了库存，甚至达到“零库存”，节约了物流成本，同时可精简部门，集中资金、设备于核心业务，提高企业竞争力。第三方物流企业各自以契约形式与客户形成长期合作关系，保证了稳定的业务量，避免了设备闲置。这种模式以生产商或经销商为中心，第三方物流企业几乎不需专门添置设备和业务训练，管理过程简单。订单由产销双方完成，第三方物流只完成承包服务，不介入企业的生产和销售计划。目前我国大多数物流业务就是这种模式，实际上这种模式并不比传统的运输、仓储运作模式更高级。这种模式最大的缺陷是生产企业、销售企业以及第三方物流企业之间缺少沟通的信息平台，会造成生产的盲目和运力的浪费或不足，以及库存结构的不合理，没有实现资源更大范围的优化配置。而且据统计，目前物流市场以分包为主，总代理比例较小，难以形成规模效应。运用传统外包型物流运作模式的行业对比如图 2－3 所示。

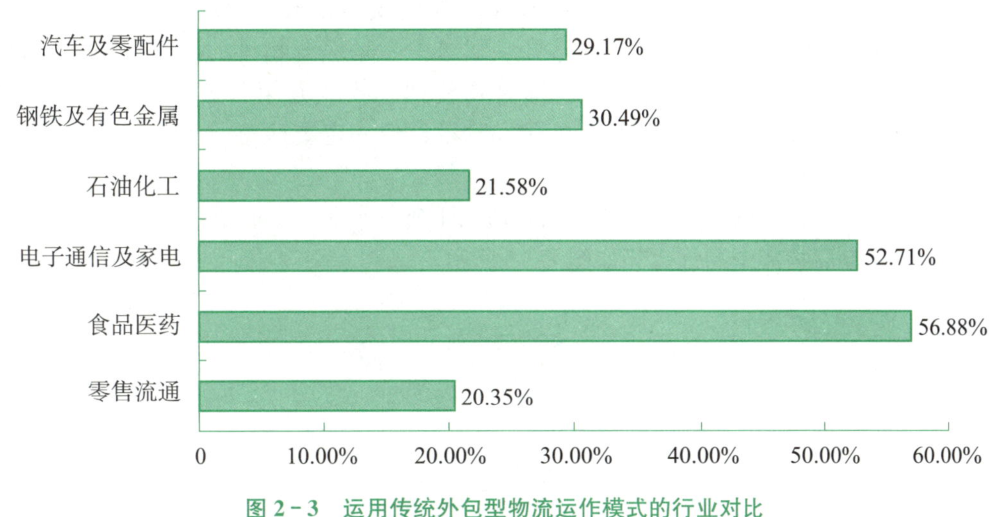

图 2－3 运用传统外包型物流运作模式的行业对比

（二）战略联盟型物流运作模式

战略联盟型物流运作模式是指运输、仓储、信息经营者等以契约形式结成战略联盟，内部信息共享，相互间协作，形成第三方物流网络系统，联盟可包括多家同地和异地的各类运输企业、场站、仓储经营者，理论上联盟规模越大，可获得的总体效益越大。在信息处理方面，可以共同租用信息经营商的信息平台，由信息经营商负责收集处理信息，也可连接联盟内部各成员的共享数据库（技术上已可实现），实现信息共享和信息沟通。这种模式比起第一种运作模式有两方面改善：首先，系统中加入了信息平台，实现了信息共享和信息交流，各单项实体以信息为指导制订运营计划，在联盟内部优化资源。同时，信息平台可作为交易系统，完成产销双方的订单和对第三方物流服务的预订购买。其次，联盟内部各实体相互协作，某些票据在联盟内部通用，可减少中间手续，提高效率，使得供应链衔接更顺畅。例如，联盟内部各种经营方式的运输企业进行合作，实现多式联运，一票到底，大大节约运输成本。在这种模式下，成员是合作伙伴关系，实行独立核算，彼此间服务租用，因此有时很难协调彼此的利益，在彼此利益不一致的情况下，要实现资源更大范围的优化就存在一定的局限。

（三）综合物流运作模式

综合物流运作模式是指组建综合物流公司或集团。综合物流公司集成物流的多种功能——仓储、运输、配送、信息处理和其他一些物流的辅助功能，例如包装、装卸、流通加工等，组建完成各相应功能的部门，大大扩展了物流服务的范围，对上游生产商可提供产品代理、管理服务和原材料供应服务，对下游经销商可全权代理配货送货业务，可同时完成商流、信息流、资金流、物流的传递。综合物流项目必须进行整体网络设计，即确定每一种设施的数量、地理位置、承担的工作。其中信息中心的系统设计和功能设计以及配送中心的选址流程设计都是非常重要的问题。物流信息系统的基本功能应包括信息采集、信息处理、调控和管理，物流系统的信息交换目前主要利用电子数据交换（EDI）、无线电和 Internet 技术，Internet 因为其成本较低（相对于 EDI 技术）、信息量大，已成为物流信息平台的发展趋势。配送中心是综合物流的体现，地位非常重要，它衔接物流运输、仓储等各环节。综合物流运作模式是第三方物流发展的趋势，组建方式有多种渠道，目前我国正处在探索阶段，但一定要注意避免重复建设、资源浪费问题。

第三方物流有自身的优势与劣势，未必适用于所有企业，企业要根据自身情况而定。第三方物流在电商物流中的优劣势如图 2-4 所示。

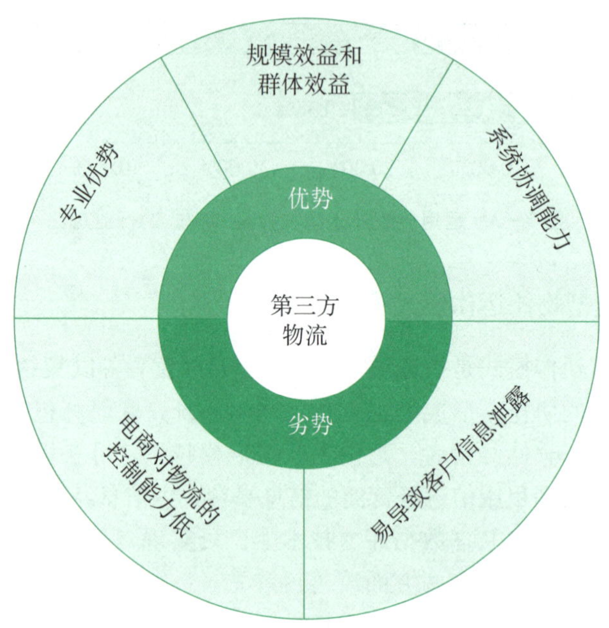

图 2-4　第三方物流在电商物流中的优劣势

二、第三方物流的盈利模式

（一）第三方物流盈利的途径

1. 运输仓储收入

我国的运输和仓储费用占物流总费用的 80%以上，第三方物流企业应该继续争取传统多式联运下的这两种收入。

2. 物流增值服务收入

以跨国公司为代表的企业倾向于将与产品相关的贴标签、装配、改包装等简单的流通加工增值服务委托给专业的第三方物流企业，第三方物流企业可根据产品特点提供适当的增值服务。

3. 管理模式输出收入

充分利用国有大型企业庞大且分散的闲置物流资源，输出自己成熟的管理模式，提高资源利用率，从而实现双赢。

4. 整体方案策划收入

强化自身物流方案的整体策划能力，为目标客户量身定做整套物流服务和整套解决方案。

5. 契约收入

第三方物流企业利用自身业务优势以契约形式取得物流业务的收入。

6. 其他收入

一些大型的第三方物流企业可以利用自身所具有的人才、经验、信息技术等优势承办物流培训班，与软件厂商合作为客户开发物流软件，或者利用先进的信息系统，为客户提供有偿服务等。

（二）第三方物流盈利模式的主要类型

通过对以上第三方物流盈利途径的分析，可以将第三方物流企业的盈利模式概括为以下四种。

1. 仓储运输服务模式

仓储运输服务模式是物流最主要的盈利模式，空间仓储物流服务也是第三方仓储物流企业最原始、最初级的盈利模式。这种模式比较简单，其主要业务就是为客户提供单纯的存储服务以及最简单的装卸服务，在 20 世纪八九十年代较为普遍。尽管这种模式的业务简单，对经营管理和人力资源的要求较低，但是第三方物流的供应能力差，政策、法制不配套，使得企业的经营效率不高。

2. 物流服务延伸模式

物流服务延伸模式是指在现有物流服务的基础上，通过向两端延伸，为客户提供更加完善和全面的物流服务，从而提高物流服务的附加价值，满足客户高层次物流需求的经营模式。如仓储企业利用掌握的货源，通过购买部分车辆或者整合社会车辆从事配送服务；运输企业在完成货物的线路运输之后，根据客户的要求从事货物的临时保管和配送。这种模式不仅可以拓展物流服务的范围，而且可以达到提高物流服务层次的目的。

3. 定制物流服务模式

定制物流服务模式是指将物流服务具体到外包过程中的某个客户，涉及储存、运输、加工、包装、配送、咨询等全部业务，甚至还包括订单管理、库存管理、供应商协调等在内的其他服务。现代物流服务强调与客户建立战略协作伙伴关系，采用定制服务模式不仅能保证物流企业有稳定的业务，提高产品的附加价值，而且能降低企业的运作成本，增加利润。

4. 管理输出模式

管理输出模式是指物流企业在拓展国内企业市场时，强调自己为客户企业提供物流管理与运作的技术指导，通过运用现代技术手段和专业化的经营管理方式，在拥有丰富的目标行业经验和对客户需求深度理解的基础上，在某一行业领域内，提供全程或部分专业化物流管理服务的模式。这种经营模式的主要特点是充分利用大型企业庞大且分散的闲置物流资源，输出自己成熟的管理模式，提高资源利用率，从而实现双赢。

素养园地

一个物流人的成长故事

国庆节来临，道路两边插上了五星红旗。望着鲜艳的五星红旗，老王不禁感叹祖国巨大的变化。

回想21年前，那时的老王还是小王，没有手机没有电脑的年代，小王无所事事，在家游手好闲了几年。在举国同庆的日子，他被父亲带去拉货，这一去改变了小王的一生。

现如今老王在业内有口皆碑，拥有一定规模的物流团队，他经常提到自己运气好，跟上了国家的大车队。如今老王儿子考上了大学，学的也是物流管理，看来家里祖祖辈辈都离不开物流这一行了。

还记得2000年老王刚开始跑运输，那时全国各地都在搞基建，老王每天跟着父亲运沙子水泥，很辛苦，各个工地跑，炎热的夏天，太阳晒得眼睛都睁不开。

在工地待久了感觉有点枯燥，那时开始流行各种电器，老王便离开了父亲，去给人拉电器，工作环境好了一点，那时国内物流还是初级阶段，以个体为主，拉货业务全靠个人跑，干活都靠人工，一天下来累得不行，老王凭借着自己能说会道的嘴，一趟下来总能比别人多挣点。

但是由于行业不规范，行业竞争太激烈，其他司机为了多拉货，无底线的低价让老王有时几个月都出不了车。接散单久了，老王感觉有点疲累，人手有限也很麻烦，从厂家进货、往火车上装货、到站卸货、再用汽车拉到店里，一件货，中间周转的环节很多，不但运费高，而且货物也容易磨损。

慢慢地，老王在物流圈已经有不少信得过的朋友了，他们已经有固定的运输路线，老王想既然自己有能力找到这么多的货源，那不如自己也跟他们一起跑专线吧，那段时间，政策出台和规范的运营让物流行业有一种朝气蓬勃的感觉。

2008年，老王拉着一车物资，跟随汶川救灾队伍深入一线，深刻地感觉自己与祖国紧密相连。随后北京奥运会举办，老王跟着人群在鸟巢外站着，听着音乐响起，老王莫名地激动，回去之后车里也放《北京欢迎你》，伴随着这首歌，中国的经济直线上升，老王跟着朋友开的专线逐渐演变成了一家物流公司，车辆渐渐多了，人手也多了。

之后，电商开始崛起，老王的物流公司开始跑江浙沪一带，中国公路变得多了，物流团队变大了。国家开始重视物流行业，出台相关政策、搭建服务设施，保障物流从业者的利益与安全，跑物流变得比以前轻松安全了。

2016年，物流企业竞争激烈，老王为了降本增效，从服务到车辆全面升级，往科技化智能化方向发展，用科技高效解决客户需求，更方便省事。

现在老王的物流公司从月台收货、暂存、入库、出库、拣选、分拣、打包、出库等全流程实现自动化物流技术，每年运输货物几千万吨。

分析提示：如今的物流行业，智能系统、设备、技术、行业应用已经让人眼花缭乱，相比于老王刚开始创业的年代，已经是质的变化。物流行业的变化，也是中国经济发展的缩影，物流技术的日新月异，推动着我们国家物流业的发展。科技兴国，我们既是时代的参与者，也是见证者。

课堂练习

1. 传统外包型物流运作模式最大的缺陷是（　　）。

A. 物流成本过高　　B. 缺少信息沟通平台

C. 运输速度慢　　D. 服务质量差

2. 战略联盟型物流运作模式相比传统外包型物流运作模式，主要改善的方面不包括（　　）。

A. 加入信息平台，实现信息共享

B. 联盟内部各实体相互协作，减少中间手续

C. 降低物流企业人力成本

D. 以信息指导制订运营计划，优化资源

3. 综合物流运作模式是第三方物流发展的趋势，组建过程中要注意避免什么问题？（　　）

A. 信息系统落后　　B. 配送中心选址不当

C. 重复建设、资源浪费　　D. 运输线路规划不合理

4. 以下哪种第三方物流盈利途径是利用自身业务优势以契约形式与外包企业取得物流业务的收入？（　　）

A. 运输仓储收入　　B. 物流增值服务收入

C. 契约收入　　D. 整体方案策划收入

5. 以下哪种第三方物流盈利模式是最原始、最初级的盈利模式？（　　）

A. 仓储运输服务模式　　B. 物流服务延伸模式

C. 定制物流服务模式　　D. 管理输出模式

任务三　第三方物流常用设备

任务描述

小明对第三方物流的运作模式和盈利模式都有了一定的了解，但是他想更加深入地了解第三方物流平时的运作，比如第三方物流常用的设备有哪些。

任务目标

1. 了解第三方物流常用的设备；
2. 理解这些设备的用途。

任务实施

一、货架

在仓库设备中，货架是指专门用于存放成件物品的保管设备。货架在物流及仓库中有非常重要的地位，随着现代工业的迅猛发展，物流量大幅度增加，为实现仓库的现代化管理，改善仓库的功能，货架不仅需要的数量多，而且还要具有多种功能，并能实现机械化、自动化。各地的仓库为了适应新的形势，提高自己的竞争能力，有的对货架进行了改装，有的置办了新货架。货架具体分为以下四种类型：立体仓库货架、搁板货架、流力货架和托盘流力货架。其中，搁板货架分箱拣和零拣两种类型；流力货架用于零拣；托盘流力货架用于箱拣。具体如图 2-5 至图 2-9 所示。

图 2-5　立体仓库货架

图 2-6　搁板货架（箱拣）

图 2-7 搁板货架（零拣）

图 2-8 流力货架（零拣）

图 2-9 托盘流力货架（箱拣）

二、自动化立体仓库系统

自动化立体仓库系统是由立体货架、有轨巷道堆垛机、出入库托盘输送机系统、尺寸检测条码阅读系统、通信系统、自动控制系统、计算机监控系统、计算机管理系统以及托盘、调节平台、钢结构平台等辅助设备组成的复杂的自动化系统。自动化立体仓库系统运用一流的集成化物流理念，采用先进的控制、总线、通信和信息技术，通过以上设备的协调动作，按照用户的需要完成指定货物的自动有序、快速准确、高效的入库出库作业。

（一）LED 信息显示屏

LED 信息显示屏是工作人员进行分拣的依据，它显示托盘号、货品批号、剩余数量、批次、拣选数量、补货数量、货物名称这几项内容，如图 2－10 所示。

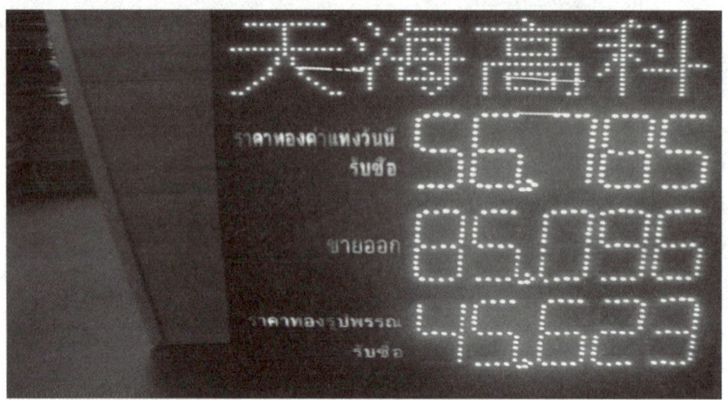

图 2－10　LED 信息显示屏

（二）堆垛机

堆垛机是指用货叉或串杆攫取、搬运和堆垛或从高层货架上存取单元货物的专用起重机。它是一种仓储设备，分为桥式堆垛起重机和巷道式堆垛起重机（又称巷道式起重机）两种。堆垛机如图 2－11 所示。

图 2－11　堆垛机

（三）出入库输送机

出入库输送机可以自由伸缩，随时调整长度，可双向运转输送物料，可与其他输送设备和物料分拣系统配合使用，实现物料出入库或车辆装卸的自动化生产，在各行业中均得到广泛的应用，如图 2－12 所示。

图 2－12 出入库输送机

三、自动输送和分拣系统

（一）分拣机

货物经由各种方式，如人工搬运、机械搬运、自动化搬运等被送入分拣系统，经合流后汇集到一台输送机上。货物接受激光扫描器对其条码的扫描，或通过其他自动识别的方式，如光学文字读取、声音识别输入等方式，将分拣信息输入计算机中央处理器中。计算机通过将所获得的货物信息与预先设定的信息进行比较，将不同的被拣货物送到特定的分拣道口位置上，完成货物的分拣工作。分拣道口可暂时存放未被取走的货物。当分拣道口满载时，由光电控制，使分拣货物不再进入分拣道口。分拣机如图 2－13 所示。

图 2－13 分拣机

（二）输送机

输送机是在一定的线路上连续输送物料的搬运机械，又称连续输送机。输送机可进行水平、倾斜和垂直输送，也可组成空间输送线路，输送线路一般是固定的。输送机输送能力大，运距长，还可在输送过程中同时完成若干工艺操作，所以应用十分广泛。输送机如图 2－14 所示。

图 2-14　输送机

四、外围设备

物流外围设备包括液压机、叉车、高度调节板、滑升门、RFID 读写器、托盘等，是各种作业活动必不可少的辅助设备。具体如图 2-15 至图 2-20 所示。

图 2-15　液压机

图 2-16　叉车

图 2-17　高度调节板

图 2-18 滑升门

图 2-19 RFID 读写器

图 2-20 托盘

五、空调及温湿度控制系统

该系统通过实时检测仓库的温湿度，并根据预先设定的数据实时控制加湿器、除湿器、空调器等设备的运行，确保仓库有合适的温度和湿度。该系统同时还具有在线修改温湿度控制上下限、温湿度显示和报警功能，并可向主控室传送数据。主要设备如图 2-21、图 2-22 所示。

图 2-21　空调机组

图 2-22　温湿度显示仪

六、自动消防系统

自动消防系统是指能对火灾进行自动识别并启动相应的灭火装置进行灭火的消防系统。这一系统在现代建筑物中得到广泛应用，特别是在仓库等重点消防场所必不可少。常见的设备包括自动喷淋系统、水幕、消防报警系统、火灾显示仪等，如图 2-23 至图 2-26 所示。

图 2-23　自动喷淋系统

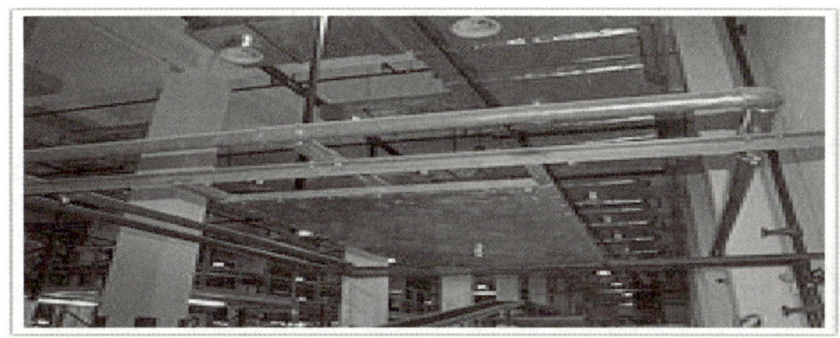

图 2-24 水幕

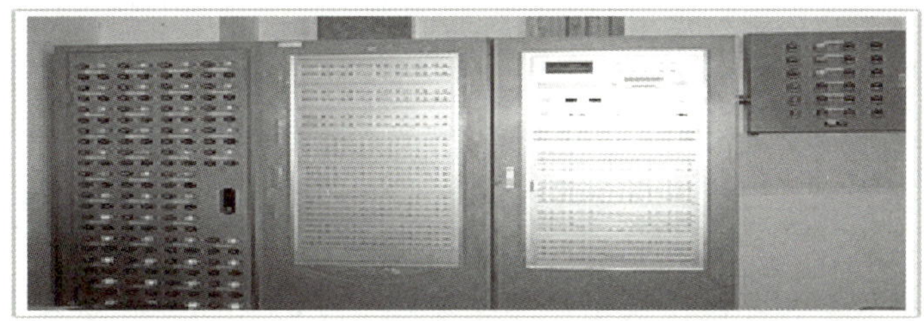

图 2-25 消防报警系统

图 2-26 火灾显示仪

七、安防系统

安防系统（Security & Protection System，SPS）是指以维护社会公共安全为目的，运用安全防范产品和其他相关产品的入侵报警系统、视频安防监控系统、出入口控制系统、防爆安全检查系统等，或是指以这些系统为子系统组合或集成的电子系统或网络。如图 2-27 所示为门禁。

图 2-27 门禁

素养园地

快递小哥获评“杭州市高层次人才”

最近，萧山一位快递小哥火了。

他叫李庆恒，1995年出生，安徽阜阳市阜南县人，在萧山一家快递公司工作。

不久前，他获评杭州市高层次人才，认定类别为D类。

根据杭州市相关规定，D类高层次人才在子女就学、车辆上牌等方面都可以享受照顾，在杭州购买首套房还可获得100万元的补贴。

送快递“送”出的高层次人才

这次能评上杭州市高层次人才，李庆恒说：“最直接的原因是去年8月参加的浙江省第三届快递职业技能竞赛暨第二届全国邮政行业职业技能竞赛浙江省初赛，并且获得了快递员项目的第一名。”

这次比赛，当天总共有来自全省11家快递企业的36名快递小哥组团参赛。

竞赛项目由理论知识竞赛和实际操作竞赛两部分组成。理论知识包含基本知识、专业知识和新知识新技术等相关内容，题型为单选、多选和判断题，还是挺考验知识的全面程度的。“相比理论部分，我个人可能更擅长实操类。”李庆恒说，比赛当天，自己抱着拼尽全力的心态赶赴“战场”。在实际操作竞赛部分，他对打包很有自信，这个环节他挑出了所有的航空禁寄物品，包括固体胶、U盘、打火机、人民币、乒乓球等。最难的可能是派送线路设计环节。“要在12分钟内完成19票件的派送路线设计，首先送有时效要求的件，另外，我们还走最优路线，避免重复。”经过激烈的比拼，最终，李庆恒获得了快递员项目的第一名，此外，李庆恒所在团队还获得了一等奖。

作为全国快递行业规格较高、含金量较大的比赛的冠军，李庆恒被浙江省人力资源和社会保障厅授予“浙江省技术能手”称号。凭借这个称号，经中共杭州市委人才办、杭州市人力资源和社会保障局认定，李庆恒获评杭州市高层次人才。

踏实肯干的李庆恒

李庆恒是“95后”，虽然性格腼腆，但是胜在年轻，有干劲儿，而且肯学习、肯吃苦。他从一名客服做起，现在已经成了申通快递浙江省公司质控部组长。

除了岗前培训，进入快递行业这几年，每一个大促，包括“618”“双11”“双12”等，李庆恒都积极主动去支援一线，派件。“那几天忙得没日没夜，累却很充实。”

“可能是因为我在一线操作的时候，动作比较麻利，被公司领导看在眼里，所以第一年就被公司选中，派到桐庐去参加了快递员比赛，而且第一次比赛就获奖了。”李庆恒说，之后，几乎每一年，自己都会参加快递员相关比赛，年年都捧回奖状，不仅提高了个人水平，更是收获满满。

李庆恒的未来计划

李庆恒说，工作、生活在杭州，心里早已认定杭州是第二故乡。现在评上了杭州市高层次人才之后，他打算在萧山买一套房子，成家立业。另一个计划就是报考大专院校，扎根快递行业，继续提升深造自己。

分析提示：充分利用自身优势，发挥榜样作用，用更好的成绩来回报社会与公司。

课堂练习

1. 下列哪种货架用于零拣？（　　）

A. 立体仓库货架　　B. 搁板货架（箱拣）

C. 流力货架　　D. 托盘流力货架

2. 自动化立体仓库系统不包含以下哪个部分？（　　）

A. 立体货架　　B. 堆垛机

C. 分拣机　　D. 计算机管理系统

3. 工作人员进行分拣的依据是（　　）设备显示的内容。

A. 堆垛机　　B. LED 信息显示屏

C. 出入库输送机　　D. 分拣机

4.（　　）可在一定线路上连续输送物料，输送线路一般是固定的，输送能力大且运距长。

A. 分拣机　　B. 输送机

C. 叉车　　D. 液压机

5. 能对火灾进行自动识别并启动相应灭火装置的系统是（　　）。

A. 温湿度控制系统　　B. 自动消防系统

C. 安防系统　　D. 物流外围设备系统

任务四　顺丰公司相关业务介绍

任务描述

小明的好朋友小强被顺丰公司录用了，小强感到非常高兴，希望能尽快熟悉各项业务。

任务目标

1. 了解顺丰公司的组织结构；
2. 了解顺丰公司的产品与服务。

任务实施

一、顺丰公司概况

顺丰速运（集团）有限公司（以下简称顺丰）于 1993 年成立，总部设在深圳，是一家主要经营国内、国际快递及相关业务的服务型企业。

自成立以来，顺丰始终专注于服务质量的提升，不断满足市场的需求，在国内建立了完备的信息采集、市场开发、物流配送、快件收派等业务机构，建立了服务客户的全国性网络，同时，也积极拓展国际件服务，目前已开通韩国、新加坡、马来西亚及日本等国家和地区的业务。

长期以来，顺丰不断投入资金加强公司的基础建设，积极研发和引进具有高科技含量的信息技术与设备，不断提升作业自动化水平，实现了对快件流转全过程、全环节的信息监控、跟踪、查询及资源调度工作，促进了快递网络的不断优化，确保了服务质量的稳步提升，奠定了业内客户服务满意度的领先地位。

二、顺丰公司组织结构

顺丰公司根据业务发展需要形成了比较严密科学的组织结构，如图 2-28 所示。

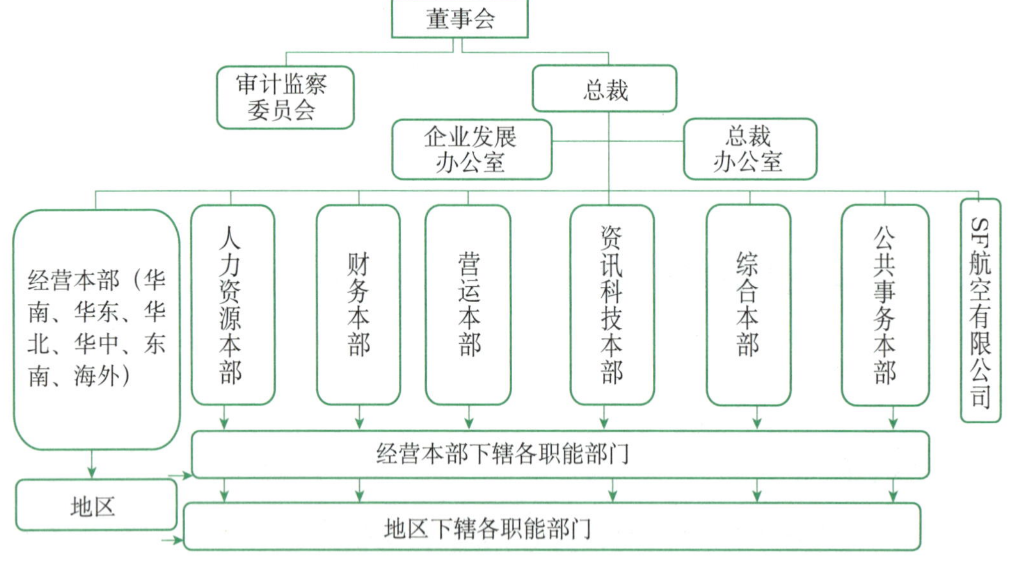

图 2-28　顺丰公司组织结构

三、顺丰公司的产品与服务

（一）即时配

即时配，即顺丰同城急送服务，是面向所有客户的全场景同城物流配送，专人专送，为客户提供全城范围内的点到点急速配送服务。

（二）快递服务

顺丰的快递服务包含六种产品类型，分别是同城半日达、顺丰即日、顺丰特快、顺丰标快、中国内地集运和中国港澳台集运。

1. 同城半日达

同城半日达是指提供上午寄下午到，下午寄当天到的同城快递服务。

2. 顺丰即日

顺丰即日是指在当日规定的截单时间前确认的收件，通过最快捷的运输方式，实现当日送达的门到门快递服务。

3. 顺丰特快

顺丰特快是指实时整合优质运力资源，尽可能缩短每个快件配送用时，实现异地流向最快次日 12:00 前送达的快递服务。

4. 顺丰标快

顺丰标快是指通过各环节均有标准化流程保障，提供精准稳定的时效，实现省内、经济圈最快次日 12:00 前送达的快递服务。

5. 中国内地集运

中国内地集运是顺丰打造的为中国内地部分区域客户在电商平台购物提供的集货及转运服务，支持多个电商平台的订单合包发出，全程顺丰派送，一单跟踪到底的快递服务。

6. 中国港澳台集运

中国港澳台集运是顺丰打造的中国内地至中国港澳台地区的跨境电商转运的快递服务。

（三）快运服务

顺丰的快运服务是针对大件商品的托运服务，包含四种产品类型，分别是顺丰卡航、大票直送、整车直达和城市配送。

1. 顺丰卡航

顺丰卡航是指为客户提供 20kg+门到门托运服务，适配电商大包裹、工业区批量件，货物安全可视，时效精准稳定，同时支持送装一体、特殊入仓、签单返还等多样化服务需求的快运服务。

2. 大票直送

大票直送是指为企业客户提供单票 500kg 以上大票零担货物的物流服务。

3. 整车直达

整车直达是满足客户一辆或多辆整车发货需求的定制的整车直达产品的快运服务。

4. 城市配送

城市配送是指为个人和企业提供全面专业的城市配送服务，致力于打造以服务为导向、以客户为核心的高标准服务体系。

（四）冷运服务

顺丰的冷运服务包含六种产品类型，分别是冷运标快、冷运到店、冷运大件到港、冷运大件标快、冷运整车和冷运仓储。

1. 冷运标快

冷运标快是指基于冷仓，对有温度控制要求的食品，提供陆运冷链运输、末端优先派送的专属冷运快递服务。

2. 冷运到店

冷运到店是指生鲜冷链城市一体化配送，通过点到多点方式为生鲜冷链类客户提供周期性配送服务。

3. 冷运大件到港

冷运大件到港是指针对中大公斤段的食品发运需求，提供价格优、时效稳、提派可选择的港到港冷链运输服务。

4. 冷运大件标快

冷运大件标快是指针对中小公斤段的食品发运需求，提供响应快速、时效稳定、服务范围广、包接包送的高品质冷链运输服务。

5. 冷运整车

冷运整车是指整车生鲜冷链跨城运输，通过点对点、点对多点方式实现货物直达服务。

6. 冷运仓储

冷运仓储是指为用户提供货物冷库存储、分拣、包装、配送、信息流转等一体化冷运服务。

（五）医药服务

顺丰的医药服务包含四种产品类型，分别是精温专递、精温定航、精温整车和医药仓储。

1. 精温专递

精温专递是指为医疗保健行业客户的冷链药品（如胰岛素、血液制品、抗癌药品）、诊断试剂、生物样本等提供多种温区运输（0～30℃、2～25℃、2～8℃、15～25℃、−15～−25℃、−40～−90℃等）、全生命周期精准温控的物流服务。

2. 精温定航

精温定航是指为满足多批量少批次的生物制药、疫苗等配送需求，根据药品的属性和温、湿度要求，通过集拼或分拨、多产品配载等技术和管理手段，为客户提供2～8℃精准温区的零担物流服务。

3. 精温整车

精温整车是指为满足医疗保健行业客户整车发运的冷链同城/跨城运输需求，通过点对点、点对多点方式实现货物直达服务。

4. 医药仓储

医药仓储是指为医疗保健相关行业客户提供符合医疗标准的多温区存储、运配等一体化医药仓储供应链服务。

（六）国际服务

随着国内跨境电商行业的发展，顺丰公司也推出了国际服务。顺丰公司的国际服务包含七种产品类型，分别是国际标快、国际特惠、国际电商专递、国际小包、国际集运、跨境供应链和海外仓。

（七）增值服务

除了以上基础业务外，顺丰公司还推出了一系列的增值服务帮助客户解决各种问题，分别是保价、包装、代收货款、保鲜服务、签单返还、送货上楼、验货、定时派送、特殊入仓、装卸、安装、转寄/退回及密钥认证。以下重点介绍几种常用的增值服务：

1. 签单返还

收派员除了将带有回单业务的快件派送给客户，还需要将收件客户签收或盖章的回单返还寄件客户。

2. 保价

在快递服务过程中，寄件人可对托寄物内容申明价值并交纳相应的费用，当货物在运输过程中发生损毁或遗失时，顺丰公司将按托寄物的声明价值和损失比例赔偿，托寄物的声明价值高于实际价值的，按照实际价值赔偿。

3. 代收货款

代收货款是指按照寄件客户与收件客户达成的协议要求，为寄件客户提供快捷的货物专递，同时代寄件客户向收件客户收取货款的服务。

四、顺丰公司的核心价值观

价值观是企业的灵魂和精神所在，是构建企业竞争优势、稳健发展的支柱，它支撑企业赢得客户和未来，它不仅是员工的共同信念，也是全体顺丰人的承诺与实践。公司成立以来，价值观一直是顺丰速运文化的核心，让价值观的内涵通过员工的所想、所行体现出来，形成一股精神的力量，深深熔铸在企业的凝聚力、竞争力、生命力之中是顺丰人的共同追求。

顺丰公司的核心价值观可概括为“FIRST”，即诚信（Faith）、正直（Integrity）、责任（Responsibility）、服务（Service）、团队（Team）。具体可阐释为：首先是一个诚信正直的人；永远尊重人，信赖团队的力量；客户对我们来说是最重要的，奉献最好的服务；做事认真，勇于承担责任。在这种核心价值观的指引下，公司希望让正确的处事态度渗透到每一位员工的心中，凝聚前进的合力，也希望通过员工的一言一行将企业价值观传递给客户，让客户感知顺丰速运内外一致的品牌形象，让顺丰速运在服务中不断改善，成为最值得信赖和尊敬的速运公司。

也正是在这种企业文化的熏陶下，“生命摆渡人”汪勇、英勇救助失火一家的张裕、

“托举哥”李佳峻等顺丰人的英勇事迹层出不穷，顺丰人成为有理想、有追求、有高度社会责任感的企业公民。另外，顺丰公司还不忘回馈社会，成立了顺丰公益基金会，在推动教育发展、儿童医疗救助、扶贫济困等公益领域开展业务活动。

素养园地

科技赋能，绿色低碳，顺丰打造可持续发展的供应链服务

最近，有网友称，她收到了一个有些特别的快递包裹，这个快递纸箱的内侧设计了示意线条，按照提示把快递箱拆开平铺，沿着示意线裁开，很快就制作出了一个置物架。“我觉得很有意思！快递纸箱变废为宝，被再次利用，自己可以动手参与践行环保。”该网友收到的快递纸箱来自顺丰，这种特别的纸箱是顺丰推出的“‘箱’伴计划”中的一个举措。据悉，顺丰在全国大中城市共投放了数十万个限定版创意纸箱（见图 2－29），激发用户动手对旧纸箱进行改造，传递变“废”为宝的环保理念。

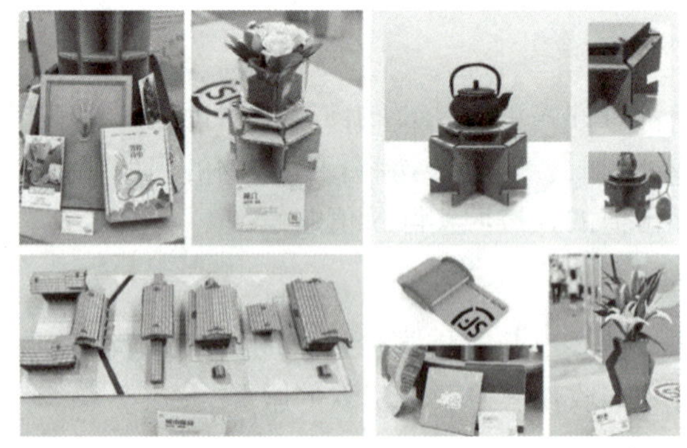

图 2－29　顺丰创意纸箱

除了“‘箱’伴计划”之外，顺丰还于 2021 年发布了快递行业首个“碳目标白皮书”，在推行绿色包装材料和践行环保社会责任中，不断致力于打造可持续发展的供应链服务。

低碳环保，既传递理念，更要有实际行动。在追求绿色可持续包装上，顺丰始终关注可持续包装产品的研发和应用，建立了包装产品的循环使用、减量化和回收再利用等研发渠道，并以此推动循环经济发展与“无废城市”建设。

顺丰围绕“绿色物流低碳生活”的环保主题，通过科技创新，将绿色理念贯穿在快件全流程，从包装、运输到转运，从各个环节提升自身的资源利用率，降低碳排放和能源消耗，践行环保社会责任，促进社会可持续发展。

在绿色包装方面，顺丰研发了包含标准循环箱、集装容器、循环文件封等的循环快递容器，通过搭建顺丰循环运营平台进行数据管理，积极联合各利益相关方打造快递包装循环生态圈。2021 年 9 月，顺丰投入社会使用的循环产品总计 2 900 万个，总循环次数 2.9 亿次。其中，顺丰标准循环箱共计循环 2 210 万次。顺丰启动“丰景计划”对包装进行技术改造，打造减量化快递绿色包装。自启动计划以来，累计实现节省原纸约 6.6 万吨，节省塑料约 1.6 万吨，合计减少碳排放约 17.5 万吨。

在绿色运输方面，顺丰持续对新能源物流车进行投放，已投入超过1.8万辆；此外，顺丰也在探索天然气车辆的推广应用。同时，积极响应国家“公转铁”号召，减少干线车辆发货并增加铁快班列发货量。也注重打造低能耗高效率“绿色机队”，引进747/757/767等满载情况下燃料效率更高、每吨载重每小时油耗更低的大型货机，采取截弯取直、二次放行等一系列措施，持续降低飞机能耗。

在绿色转运方面，顺丰积极打造绿色产业园，降低快递中转对环境的污染，合理进行仓库空间布局等方面的提升，促进快递中转效率与节能效益的提高。同时积极加强可再生能源利用，开展可再生能源计划，减少温室气体的排放。顺丰在合适的场地推进屋顶分布式光伏建设，加大清洁能源电力引入，新一期项目新增约10万平方米。

分析提示：党的二十大报告提出：“尊重自然、顺应自然、保护自然，是全面建设社会主义现代化国家的内在要求。必须牢固树立和践行绿水青山就是金山银山的理念，站在人与自然和谐共生的高度谋划发展。”不可否认，良好的生态环境是经济社会持续健康发展的重要基础。然而，随着物流行业的快速发展，资源浪费、环境污染问题也日益严峻，这些现象出现在物流行业的各个环节。比如，不合理的运输安排不仅增加了道路需求，而且会产生大量能耗和废气污染；保管不当不仅会造成货品损坏浪费，也会对周边环境产生污染；等等。现今，在推进绿色物流发展的道路上，越来越多像顺丰这样的企业正在携手共进。

课堂练习

1. 顺丰速运成立于（　　）。

A. 1992年　　B. 1993年　　C. 1994年　　D. 1995年

2. 顺丰即日服务指的是（　　）。

A. 省内、经济圈最快次日12:00前送达

B. 实时整合优质运力资源，最快次日12:00前送达异地流向

C. 在当日规定的截单时间前确认的收件，当日送达的门到门快递服务

D. 为客户提供单票20kg+大件托运服务

3. 顺丰冷运服务中，通过点到多点方式为生鲜冷链类客户提供周期性配送服务的是（　　）。

A. 冷运标快　　B. 冷运到店　　C. 冷运大件到港　　D. 冷运整车

4. 顺丰公司的核心价值观“FIRST”中，“R”代表什么？（　　）

A. 诚信　　B. 正直　　C. 责任　　D. 服务

任务五 快递一般作业流程介绍

任务描述

小强对快递公司的基本业务有了一定的认识，但是需要进行更加深入的研究。

任务目标

1. 掌握快递公司的基本运营模式；
2. 掌握派件作业流程；
3. 掌握收件作业流程。

任务实施

一、快递公司的基本运营模式

顺丰、“四通一达”等快递公司的业务各有不同，但其运营模式大致相当。快递公司比较常见的业务运营模式如图 2－30 所示。

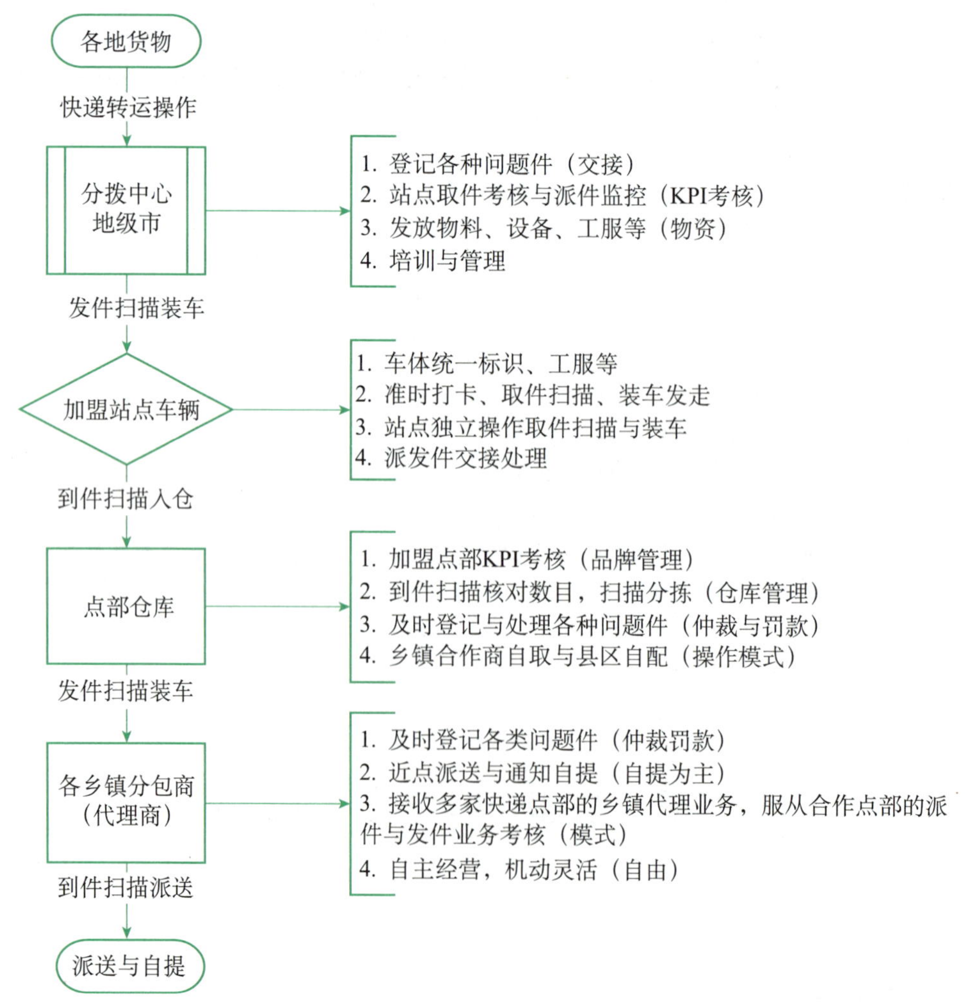

图 2－30　快递公司比较常见的业务运营模式

二、派件作业流程介绍

派件作业流程及说明如图 2－31 所示。

接件作业流程及说明 —接件→

1. 取件准备：将运输车辆准时进港停靠，准备好操作设备、单证等入库取派件
2. 快件交接：领取属于我司派送范围的快件，逐件扫描、检查快件
3. 逐件扫描：逐件扫描快件条码，当场确认所取派件数量，并签字交接
4. 检查快件：逐个检查快件，如有异常将异常件交回处理人员
5. 总包封装：将所有快件装入指定的包袋并封口，及时填写“包牌”信息与件数
6. 总包堆码：将总包按一定要求堆位、码放，待出库
7. 交接交运：双方核对无误、无异常件后，签字移交单据，总包装车离港

仓库作业流程及说明 —分拣→

1. 车辆进港：快件运输车辆准确停靠，并核对车量编号，查看押运人员身份
2. 卸出总包：把总包快件从运输车厢内卸出，注意安全，按序码放
3. 验收总包：查点总包数目，验视总包规格，将异常总包交主管处理
4. 拆解总包：解开总包，倒出包内快件，检查总包空袋内有无漏件
5. 入库扫描：派件逐件扫描条码入库，进行系统入库登记管理，同时核对入库总量
6. 快件分拣：按快件流向对快件进行分类、分拣，核查派件是否有异常
7. 出库扫描：派件逐件出库扫描，进行系统入库登记管理，同时核对各乡镇件数
8. 总包封装：将各乡镇快件装入指定的包袋并封口，及时填写“包牌”信息
9. 总包堆码：将总包按一定要求堆位、码放，等待车辆运输出库
10. 交接交运：将各乡镇总包装入指定车，核对无误后签字，获取快件出库单据后离港

派送站作业流程及说明 —派件→

1. 车辆进港：快件运输车辆准确停靠，并核对车辆编号，查看押运人员身份
2. 快件交接：接收快件，拆包验视，依据单据核查快件数量，确认完毕后入库管理
3. 卸出总包：把总包快件从运输车厢内卸出，注意安全，按序码放
4. 验收总包：查点总包数目，验视总包规格，对异常总包电话联系物流主管处理
5. 拆解总包：解开总包，倒出包内快件，检查总包空袋内有无漏件
6. 快件入库：双方确认无误后，入库管理（保管快件，等待客户提货）
7. 检查快件：逐个检查快件，如有异常将异常情况及时反馈给快递客服或物流主管
8. 通知自提：（客服通知）电话及短信通知客户取货地点，（站场员）负责签收管理
9. 核实身份：查看客户或客户委托签收人的有效身份证件
10. 提示客户检查：将快件交给客户进行检查
11. 确认付款方式：确认到付快件的具体付款方式
12. 收取资费及代收款：向客户收取到付资费及其他代收款
13. 指导客户签收：指导客户在客户签字栏签全名
14. 信息反馈：客服定时电话联系，及时告知已派送快件的运单、无法派送的快件的数量与原因，核对与派送时领取的快件数量是否一致
15. 交款：将当天收取的款项、签收单据以及退件等通过司机或队长次日带到快递仓库

图 2－31　派件作业流程及说明

三、收件作业流程介绍

收件作业流程及说明如图 2 - 32 所示。

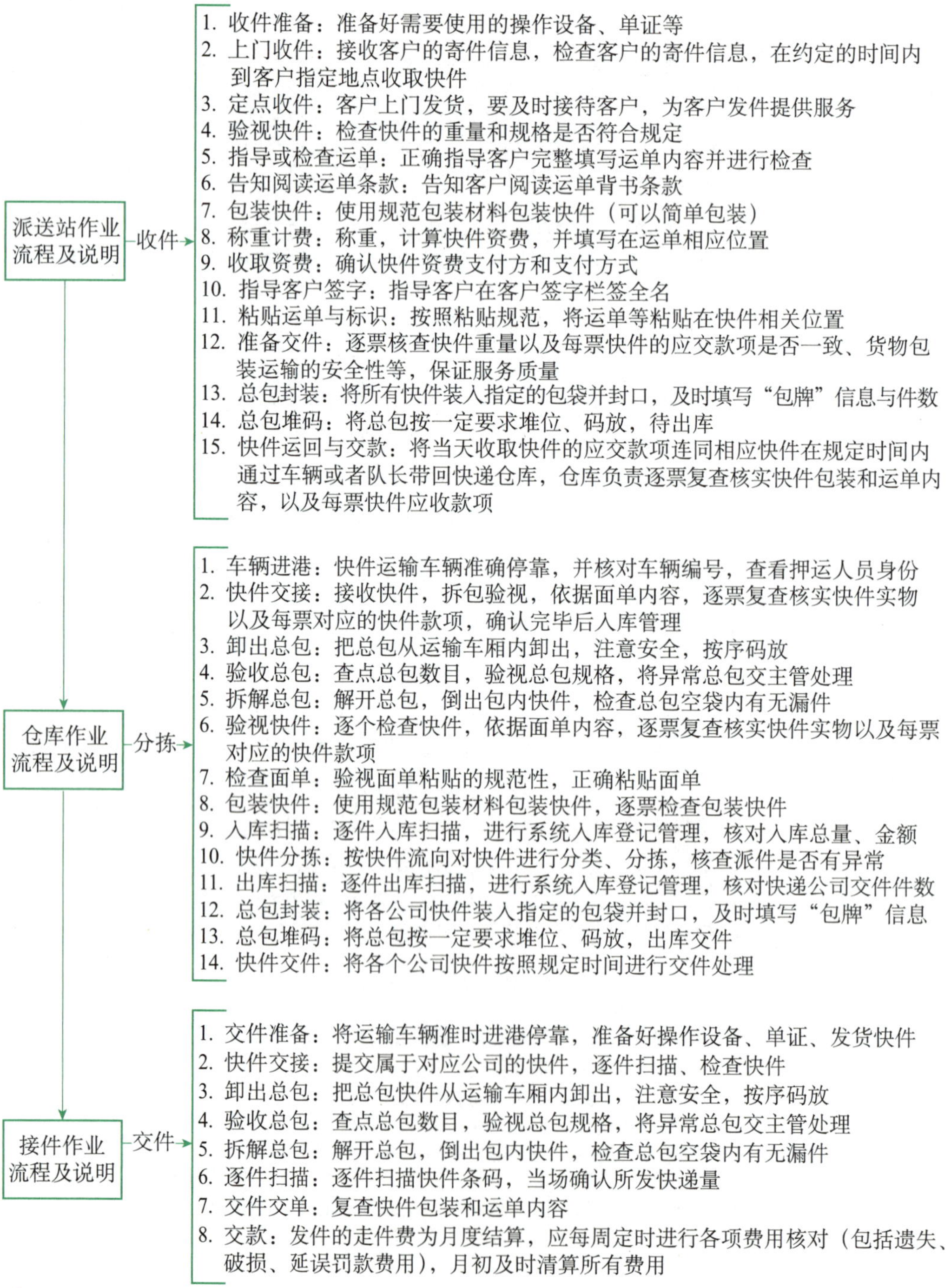

派送站作业流程及说明 —收件→

1. 收件准备：准备好需要使用的操作设备、单证等
2. 上门收件：接收客户的寄件信息，检查客户的寄件信息，在约定的时间内到客户指定地点收取快件
3. 定点收件：客户上门发货，要及时接待客户，为客户发件提供服务
4. 验视快件：检查快件的重量和规格是否符合规定
5. 指导或检查运单：正确指导客户完整填写运单内容并进行检查
6. 告知阅读运单条款：告知客户阅读运单背书条款
7. 包装快件：使用规范包装材料包装快件（可以简单包装）
8. 称重计费：称重，计算快件资费，并填写在运单相应位置
9. 收取资费：确认快件资费支付方和支付方式
10. 指导客户签字：指导客户在客户签字栏签全名
11. 粘贴运单与标识：按照粘贴规范，将运单等粘贴在快件相关位置
12. 准备交件：逐票核查快件重量以及每票快件的应交款项是否一致、货物包装运输的安全性等，保证服务质量
13. 总包封装：将所有快件装入指定的包袋并封口，及时填写“包牌”信息与件数
14. 总包堆码：将总包按一定要求堆位、码放，待出库
15. 快件运回与交款：将当天收取快件的应交款项连同相应快件在规定时间内通过车辆或者队长带回快递仓库，仓库负责逐票复查核实快件包装和运单内容，以及每票快件应收款项

仓库作业流程及说明 —分拣→

1. 车辆进港：快件运输车辆准确停靠，并核对车辆编号，查看押运人员身份
2. 快件交接：接收快件，拆包验视，依据面单内容，逐票复查核实快件实物以及每票对应的快件款项，确认完毕后入库管理
3. 卸出总包：把总包从运输车厢内卸出，注意安全，按序码放
4. 验收总包：查点总包数目，验视总包规格，将异常总包交主管处理
5. 拆解总包：解开总包，倒出包内快件，检查总包空袋内有无漏件
6. 验视快件：逐个检查快件，依据面单内容，逐票复查核实快件实物以及每票对应的快件款项
7. 检查面单：验视面单粘贴的规范性，正确粘贴面单
8. 包装快件：使用规范包装材料包装快件，逐票检查包装快件
9. 入库扫描：逐件入库扫描，进行系统入库登记管理，核对入库总量、金额
10. 快件分拣：按快件流向对快件进行分类、分拣，核查派件是否有异常
11. 出库扫描：逐件出库扫描，进行系统入库登记管理，核对快递公司交件件数
12. 总包封装：将各公司快件装入指定的包袋并封口，及时填写“包牌”信息
13. 总包堆码：将总包按一定要求堆位、码放，出库交件
14. 快件交件：将各个公司快件按照规定时间进行交件处理

接件作业流程及说明 —交件→

1. 交件准备：将运输车辆准时进港停靠，准备好操作设备、单证、发货快件
2. 快件交接：提交属于对应公司的快件，逐件扫描、检查快件
3. 卸出总包：把总包快件从运输车厢内卸出，注意安全，按序码放
4. 验收总包：查点总包数目，验视总包规格，将异常总包交主管处理
5. 拆解总包：解开总包，倒出包内快件，检查总包空袋内有无漏件
6. 逐件扫描：逐件扫描快件条码，当场确认所发快递量
7. 交件交单：复查快件包装和运单内容
8. 交款：发件的走件费为月度结算，应每周定时进行各项费用核对（包括遗失、破损、延误罚款费用），月初及时清算所有费用

图 2 - 32　收件作业流程及说明

课堂练习

1. 在快递公司常见的业务运营模式中，加盟站点车辆需要进行的操作不包括以下哪项？（　　）

A. 车体统一标识、工服等

B. 准时打卡、取件扫描、装车发走

C. 站点独立操作取件扫描与装车

D. 加盟点部 KPI 考核（品牌管理）

2. 各乡镇分包商（代理商）需要进行的操作不包括以下哪项？（　　）

A. 及时登记各类问题件（仲裁罚款）

B. 远点派送与通知自提（自提为主）

C. 接收多家快递点部的乡镇代理业务，服从合作点部的派件与发件业务考核（模式）

D. 自主经营，机动灵活（自由）

3. 在接件作业流程及说明中，哪一步骤需要将所有快件装入指定的包装袋并封口，及时填写“包牌”信息与件数？（　　）

A. 取件准备　　B. 总包装封　　C. 总包堆码　　D. 交接交运

4. 在派送站作业流程及说明中，哪一步骤需要通过电话及短信通知客户取货地点，（站场员）负责签收管理？（　　）

A. 检查快件　　B. 通知自提　　C. 核实身份　　D. 指导客户签收

5. 在收件作业流程及说明中，哪一步骤需要将当天收取的款项连同相应快件等通过车辆或队长带回快递仓库？（　　）

A. 准备交件　　B. 快件运回与交款

C. 总包装封　　D. 称重计费

任务六　圆通速递公司的淘宝订单操作流程

任务描述

小明的另外一个朋友小刚被圆通公司录取了，被分配到一个专门对接淘宝订单的职位，小刚需要认真地学习相关操作流程。

任务目标

1. 掌握网点订单操作流程；
2. 掌握总部订单系统操作流程。

任务实施

一、网点订单操作流程介绍

（一）系统登录

在用户登录界面输入用户名和密码，登录系统，如图 2－33 所示。

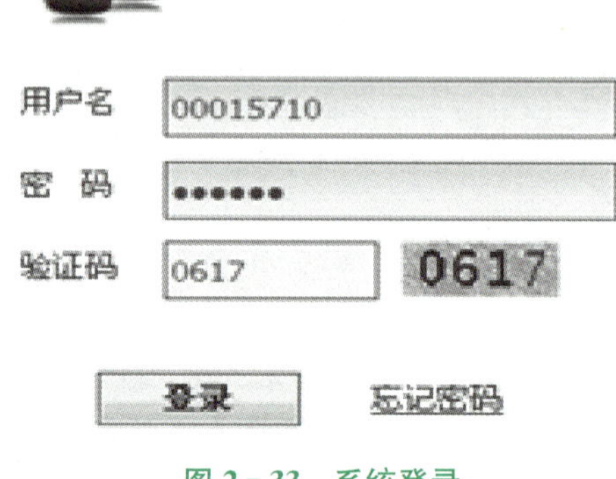

图 2－33 系统登录

（二）订单管理首页

登录系统后，进入订单管理首页，如图 2－34 所示。

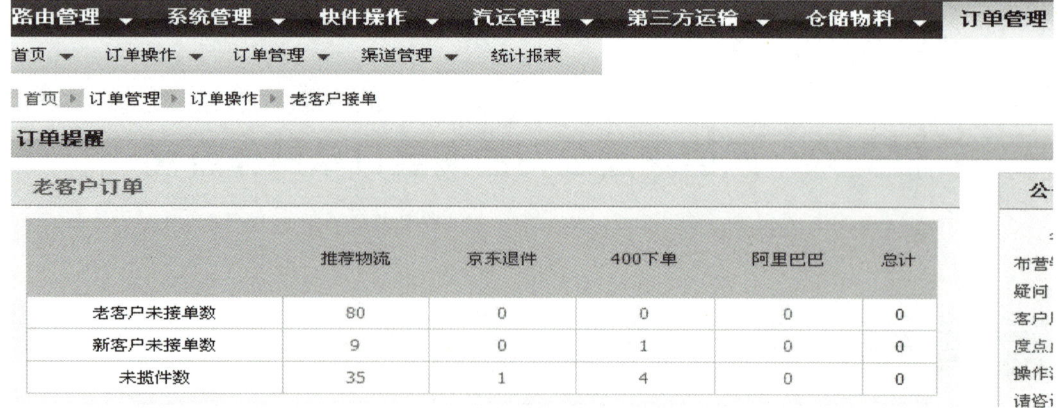

	推荐物流	京东退件	400下单	阿里巴巴	总计
老客户未接单数	80	0	0	0	0
新客户未接单数	9	0	1	0	0
未揽件数	35	1	4	0	0

图 2－34 订单管理首页

（三）网点接单操作

公司运营网点接到客户订单后，就会进入接单系统进行记录，并分配业务员揽件。如图 2－35 所示。

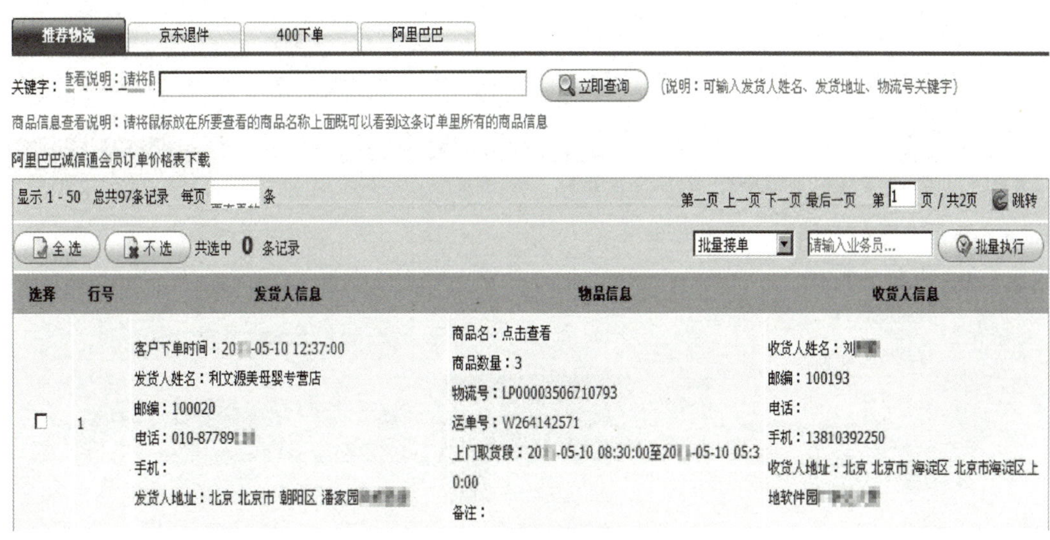

图 2 - 35　网点接单

（四）网点揽件操作

业务员揽件后，要及时利用电脑或手持终端进行订单信息的录入，确认揽件成功，进行批量操作。如图 2 - 36 所示。

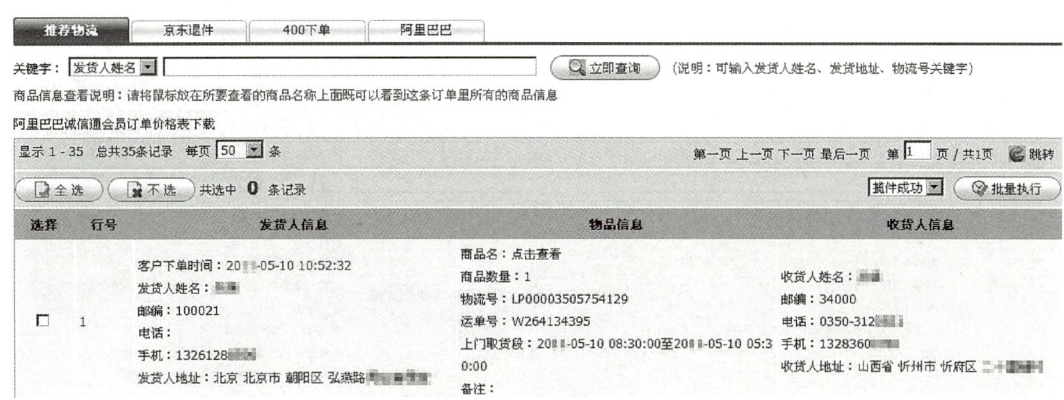

图 2 - 36　网点揽件

（五）总部订单跟踪

在系统内单击“订单管理”，可对各类订单进行查询、跟踪，如图 2 - 37 所示。

（六）未分配订单操作

从系统查询没有被分配到各网点的订单，然后人工分配到正确网点。如图 2 - 38 所示。

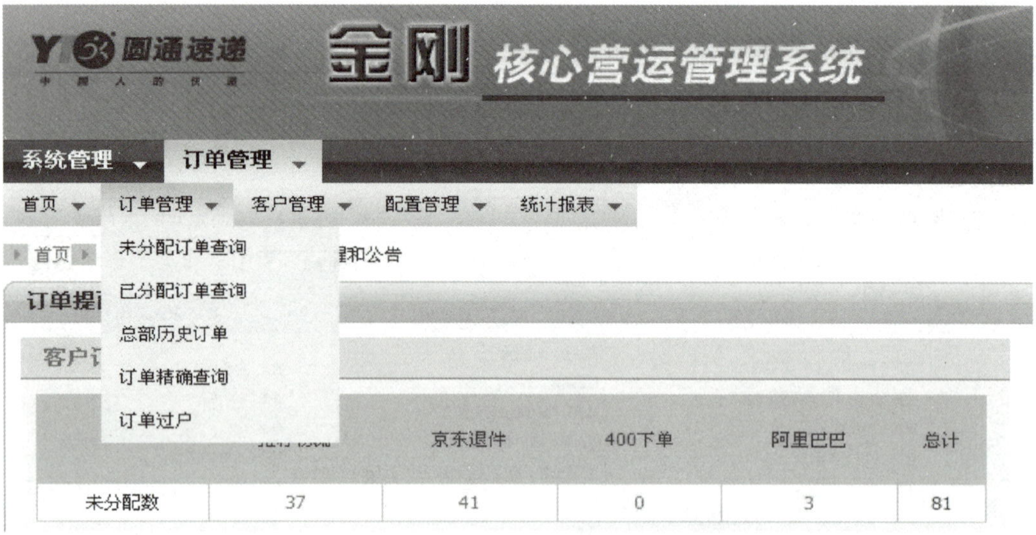

图 2-37　总部订单跟踪

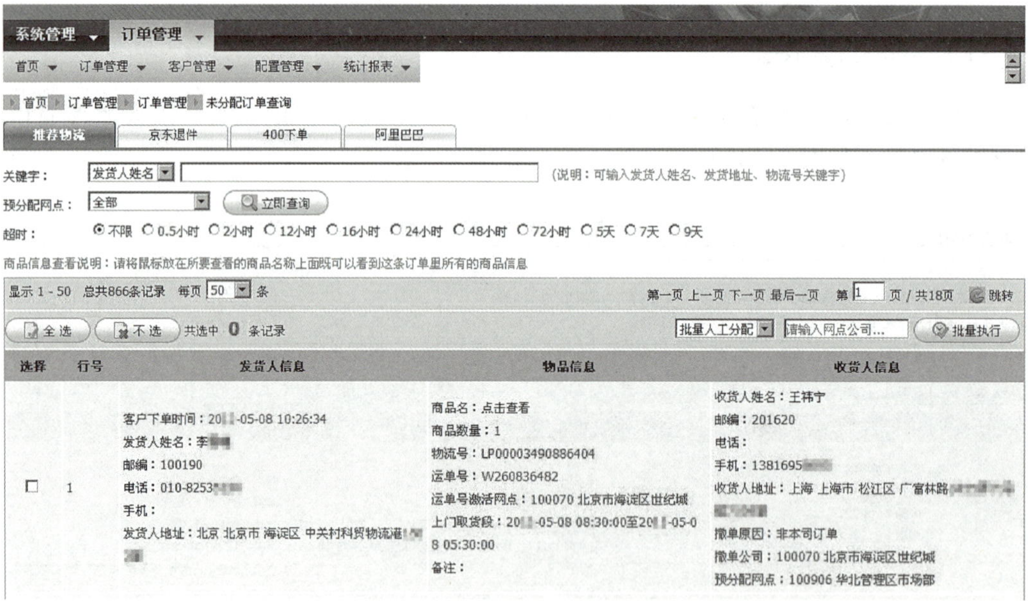

图 2-38　未分配订单操作

二、接单揽件操作技巧及注意事项

（一）接单时的注意事项

（1）查看客户的地址是否属于服务范围；

（2）查看发件客户的商品名称，选择承运方式；

（3）操作时避免接错单；

（4）查看客户选择预约上门取件的时间。

（二）业务员揽件的注意事项

（1）严格执行网上统一公布价；
（2）根据不同产品的性能，验视包装是否符合运输规定；
（3）包裹100%验视。

（三）客服揽收信息提交操作

客服需要和取件业务员确认快件是否取回才能进行相应的操作（禁止快件未取回做揽收成功）：
（1）快件取回做揽收成功；
（2）快件未取回做揽收失败。
注：根据运单号做揽收只是一种方法，不能作为主要依据。

三、淘宝快件投诉处理

（一）投诉分类

（1）A类投诉（处理时限3天）包括：
1）多收费；
2）超区件；
3）延误取件；
4）延误派送；
5）服务态度差。
（2）B类投诉（处理时限5天）包括：
1）破损；
2）损毁；
3）遗失；
4）内件不符。

（二）赔偿规定

1. A类投诉

（1）延误取件、延误派送：赔偿客户10元；
（2）多收费：退还客户多收费用，另赔偿10元；
（3）服务态度差：向客户道歉并赔偿100元。

2. B类投诉

（1）无保价物品：按实际损失赔偿，最高不超过1 000元；
（2）保价物品：按实际损失赔偿，最高不超过保价金额（最高限额5 000元）。

四、案例分析

（一）A 类投诉案例分析：延误取件

投诉内容：5 月 16 日下午下的订单，一直到今天 20 日了都没来取货，其间只有 18 日上午打过一个电话，说是下午 4 点后来取货，可是取货的人呢？难道快递公司只有一个人干活？延误了我的发货，谁来负责？

分析：

（1）客户在线下单后，客服人员未及时联系客户预约取件时间；

（2）如果已经联系客户约定了取件时间，一定要安排业务员准时上门取件；

（3）如果实在无法达到客户要求，要向客户解释说明，并选择相应原因做订单撤销处理，以便客户选择其他快递公司。

（二）B 类投诉案例分析

投诉内容：望远镜发货的时候完好无损，包得很严实！没想到送到买家那里，两个望远镜镜头都断了！里面都是断碎粒（见图 2－39），运送的时候下手也太狠了吧！

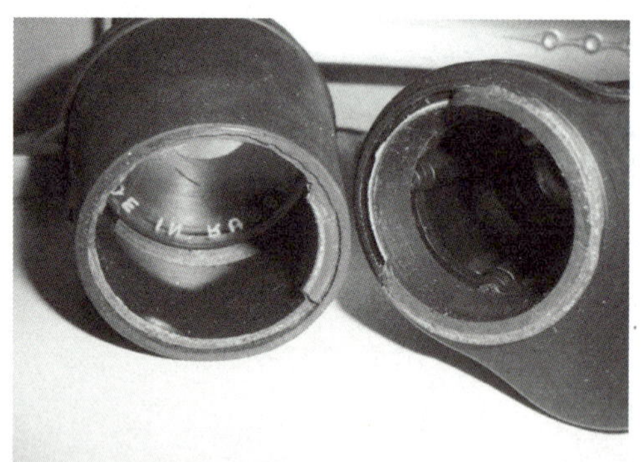

图 2－39　客户提供的凭证

分析：

（1）查询此笔交易是否是在线订单；

（2）查找底单是否是本人签收，面单上有没有加盖支付宝印章；

（3）检查外包装是否完好，是否符合赔偿条件；

（4）按照淘宝公布的标准进行理赔（注：提供物流号至淘宝项目组查询交易金额）。

五、淘宝对物流公司的服务质量考核体系

（一）服务质量考核体系

考核内容分为业务增长、服务质量、服务范围和自主创新 4 个部分，采取百分制进行打分。

(1) 业务增长：下单量月度环比增量，下单量在总量中的占比；
(2) 服务质量：投诉率和二次投诉率；
(3) 服务范围：开通的网点总量；
(4) 自主创新：特色服务，如时效件、手机短信通知等。

(二) 客户网上下单对公司的好处

(1) 可以避免快件发生遗失时客户恶意敲诈赔偿金额；
(2) 有助于挖掘潜在客户；
(3) 具有品牌宣传作用。

课堂练习

1. 在系统操作中，登录系统后首先进入的是哪个页面？(　　)

A. 系统登录　　B. 订单管理首页
C. 网点接单　　D. 网点揽件

2. 公司运营网点接到客户订单后，进入(　　)进行记录，并分配业务员揽件。

A. 订单管理系统　　B. 接单系统
C. 揽件系统　　D. 总部订单跟踪系统

3. 业务员揽件时，需要注意的事项不包括以下哪项？(　　)

A. 严格执行网上统一公布价
B. 根据不同产品的性能，验视包装是否符合运输规定
C. 包裹 100% 验视
D. 查看客户选择预约上门取件的时间

4. A 类投诉（处理时限三天）不包括以下哪项？(　　)

A. 多收费　　B. 破损
C. 超区件　　D. 延误取件

5. 对于无保价物品的损毁、遗失件，赔偿规定是怎样的？(　　)

A. 按实际损毁和丢失物品的价值进行赔偿，最高赔偿金额不超过 300 元
B. 按实际损毁和丢失物品的价值进行赔偿，最高赔偿金额不超过 1 000 元
C. 视物品损毁程度的价值决定赔付金额
D. 已保价物品损毁或丢失，按实际损毁和丢失物品的价值进行赔偿，最高不超过投保金额

知识小结

1. 第三方物流模式的含义。
2. 第三方物流企业的基本组织结构。
3. 第三方物流的运作模式及盈利模式。
4. 第三方物流在电商物流中的优劣势。

5. 第三方物流企业常用的设备。

6. 快递公司的淘宝订单操作流程。

练习提升

一、单选题

1. 在仓库设备中，（　　）是指专门用于存放成件物品的保管设备。

A. 叉车　　B. 货架　　C. 起重机　　D. 运输带

2. （　　）是由立体货架、有轨巷道堆垛机、出入库托盘输送机系统、尺寸检测条码阅读系统、通信系统、自动控制系统、计算机监控系统、计算机管理系统以及托盘、调节平台、钢结构平台等辅助设备组成的复杂的自动化系统。

A. 叉车　　B. 货架　　C. 起重机　　D. 自动化立体仓库系统

3. （　　）(Security & Protection System，SPS）是指以维护社会公共安全为目的，运用安全防范产品和其他相关产品的入侵报警系统、视频安防监控系统、出入口控制系统、防爆安全检查系统等，或是指以这些系统为子系统组合或集成的电子系统或网络。

A. 空调及温湿度控制系统　　B. 自动消防系统

C. 安防系统　　D. 自动输送和分拣系统

4. （　　）是指用货叉或串杆攫取、搬运和堆垛或从高层货架上存取单元货物的专用起重机。

A. 堆垛机　　B. AGV　　C. 分拣机　　D. 输送机

5. （　　）是在一定的线路上连续输送物料的搬运机械，又称连续输送机。

A. 堆垛机　　B. AGV　　C. 分拣机　　D. 输送机

6. 下列可充分利用仓库空间，提高库容利用率，扩大仓库储存能力的是（　　）。

A. 叉车　　B. 托盘　　C. 货架　　D. 起重机

7. 以间歇作业方式对物品进行起升、下降和水平移动的搬运设备是（　　）。

A. 叉车　　B. 托盘　　C. 货架　　D. 起重机

二、判断题

1. 第三方物流既不属于第一方，也不属于第二方，而是通过与第一方或第二方的合作来提供专业化的物流服务。（　　）

2. 仓储运输服务模式是物流最主要的盈利模式。（　　）

3. 物流服务延伸服务是指将物流服务具体到外包过程中的某个客户，涉及储存、运输、加工、包装、配送、咨询等全部业务，甚至还包括订单管理、库存管理、供应商协调等在内的其他服务。（　　）

4. 自动消防系统是指能对火灾进行自动识别并启动相应的灭火装置进行灭火的消防系统。（　　）

5. 自动消防系统常见的设备包括自动喷淋系统、水幕、消防报警系统、火灾显示仪等。（　　）

6. 货架中的货物，存取方便，便于清点及计量，可做到先进先出。(　　)

知识拓展

中通云仓科技

随着消费者对生鲜品质、配送速度和服务体验的要求不断提高，我国生鲜市场呈现出快速发展的态势。同时消费者对方便、快捷、安全的饮食需求日益增加，预处理蔬菜、肉品等快速成为生鲜购物的主要品类。针对这一市场趋势，中通云仓科技有限公司（以下简称“中通云仓科技”）基于完善的仓储、分拣、配送等物流基础设施和先进的技术手段，打造生鲜联配中心项目，在切入生鲜加工赛道的同时，打造了又一创新业务板块。

一、构建全链路生鲜供应链体系

考虑到生鲜类配送业务受上游工厂端限制较多，以及传统农特产品流通环节多、损耗大等因素会直接影响到配送业务稳定性，中通云仓科技专门设计了以生鲜联配中心为核心的全链路生鲜供应链体系，涵盖产地仓、销地仓、前置仓，并搭建数字化城市配送平台，打造出环节更少、链路更短的生鲜供应链体系，确保净菜、组合菜、肉品等从生产到配送的全环节高效履约。目前，中通云仓科技在全国已完成5个联配中心、5个果蔬后熟中心、50个蔬果基地的布局，配送范围覆盖50个主要城市，主要为连锁餐饮、企事业单位食堂、生鲜电商企业等提供服务。

自2022年5月起，中通云仓科技陆续在杭州、南京、上海、安徽等地启用多家生鲜联配中心，主要为一些生鲜电商平台、新零售门店、食堂等提供净菜、组合菜、肉品及预制菜加工配送服务。据介绍，这些生鲜联配中心采用订单式生产方式，按照客户需求进行原材料采购、加工、生产、配送等。单仓的日均产能可达5吨。目前该业务在全国已有100多个合作客户。

二、创新布局生鲜联配中心

作为整合、统筹的生鲜供应链中台，生鲜联配中心是集原材料采购、清洗、切配、包装、配送等于一体的净菜、组合菜、肉品生产工厂，实现了从生产基地到用户链路的有效优化，减少多道流通环节和过程损耗，保证菜品品质，提高整体周转效率。据中通云仓科技相关负责人介绍，单个生鲜联配中心的面积约1万～2万平方米，由净菜工厂、分割肉工厂、冻品分拣中心、仓储中心等功能分区组成，净菜类日生产峰值为50吨，肉品类日生产峰值为30吨。

生鲜联配中心按需引进了自动洗菜机、蔬菜自动切配机、真空包装机、自动包装机、自动脱水机、异物检测机等设备，并采用中通云仓科技自主研发的净菜生产加工管理系统，实现对原材料采购出入库，以及各个车间产能、人员及产品配送等的全面线上管理，各自动化生产设备配合业务需求，高效有序完成从原材料到成品的处理。2022年5月，中通云仓塘栖总部生鲜联配中心开仓，具备为杭州主要连锁餐饮门店及80%以上大中小院校提供生鲜加工配送服务能力。该生鲜联配中心的正式开仓运营也是中通云仓进一步细化农特供应链服务，及时抢占生鲜加工市场赛道的重要标志与新起点。

三、生鲜联配中心建设亮点

与同类生鲜物流中心相比，中通云仓生鲜联配中心的建设特点主要体现在以下三个方面：

一是全面温控管理。中通云仓生鲜联配中心具备全面的温控管理能力，确保生鲜产品在储存、加工、配送等全过程始终处于适宜的温度环境中。

二是标准化加工工艺。通过引入先进的加工设备和制定统一的加工标准，该中心实现了从原料到成品的标准化处理，确保生鲜产品的品质和口感的一致性。

三是全流程系统管控。中通云仓科技自主开发的净菜生产加工管理系统，是生鲜联配中心运营的智慧大脑，具有计划、分配、调剂、计算等多项作用，实现对原材料采购出入库和各个车间产能、人员以及产品配送等方面的全流程线上管理。

资料来源：赵皎云．中通云仓科技：打造生鲜联配中心，构建全链路生鲜供应链体系．物流技术与应用（冷链增刊），2024（4）.

网店+实体连锁店物流模式

学习背景

近几年，我国互联网呈现持续快速发展的趋势，据有关部门统计，截至2023年12月底，我国网民规模已达10.92亿，互联网普及率达77.5%。我国网络购物用户规模达9.15亿，占网民整体的90.5%。网络零售成为消费新引擎，电子商务作为商贸领域中一种先进的交易方式，对传统零售业的观念和行为方式产生了巨大的冲击，日益增长的电商消费模式与传统的消费习惯已然成了消费的新矛盾。“诚信、支付、物流”是电子商务的三大“瓶颈”问题，是制约我国电子商务业务发展的主要障碍。在新形势下，我国电子商务要保持持续、快速、健康发展，创新经营模式势在必行。因此，要有效地把以电子商务为代表的“网店”和以传统零售业为代表的“实体连锁店”结合起来，把电子商务真正融入传统零售业中，实现“网店＋实体连锁店”的商业模式转型变得十分迫切。这种模式既能满足消费者的线下体验，又能使消费者享受足不出户就能在线上下单的便捷，在促进电子商务发展的同时还能带动这种类型的物流形式的发展。

网店＋实体连锁店模式最为典型的代表是苏宁电器（苏宁易购）和国美电器（国美在线）。

学习目标

● 知识目标

1. 了解网店＋实体连锁店物流模式的含义；
2. 理解网店＋实体连锁店物流模式在电商物流中的优势和局限；
3. 掌握网店＋实体连锁店物流模式的运作方式。

● 技能目标

1. 学会网店＋实体连锁店物流模式的实际运作流程；
2. 掌握网店＋实体连锁店模式使用的物流技术。

● 素养目标

1. 树立正确的消费观和人生价值观；
2. 进行正确的职业定位，养成良好的职业素养；
3. 树立“干一行、爱一行、钻一行、精一行”的工匠精神。

学习任务

任务一　初识网店＋实体连锁店物流模式

任务描述

小李刚从中职学校物流管理专业毕业，凭借扎实的专业知识和良好的职业素养，他成功进入苏宁易购从事物流工作。初入职场，小李对苏宁物流还比较陌生，因此想边工作边学习，熟悉苏宁物流的运作方式，以便以后更好地工作。

任务目标

1. 了解什么是网店＋实体连锁店物流模式；
2. 理解网店＋实体连锁店模式出现的原因；
3. 掌握网店＋实体连锁店模式在电商物流中的优势和局限。

任务实施

一、网店＋实体连锁店物流模式的含义

网店＋实体连锁店物流模式是指以实体连锁店及其完备的物流配送体系为基础，充分利用实体连锁店完善的物流配送体系并结合电子商店新型网上销售方式，以达到消费者、实体连锁店和网店“三赢”目的的新型物流配送方式。该模式如图 3－1 所示。

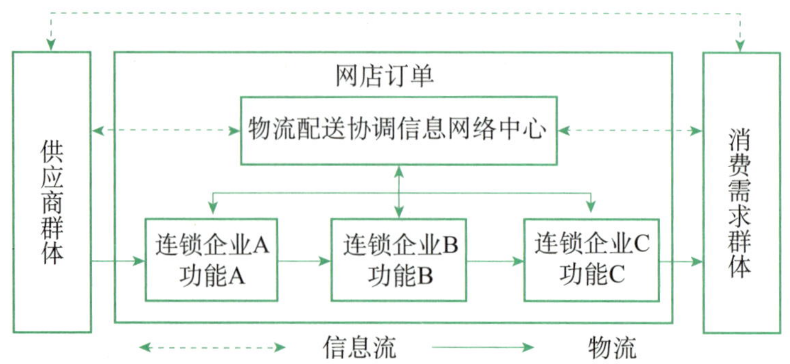

图 3－1　网店＋实体连锁店物流模式

通过这种新型物流模式，消费者既可以在实体连锁店体验商品，满足传统的消费习惯，又可以在网上完成下单，物流和信息流即刻响应，实现配送到家，体验到网购的方便，极大地提升了消费体验感。网店往往是消费者便利性购物的最佳平台，而连锁店则会成为消费者消费的最后保障。

课堂思考

请举例说明“网店+实体连锁店”的物流模式中，消费者是如何受益的。

二、网店+实体连锁店物流模式出现的原因

（一）消费习惯的改变

如今的市场属于买方市场，消费者掌握了消费的主动权，一方面他们总是希望能买到物美价廉的商品，因此他们经常货比三家，但又不想花费大量的时间用于选购，而网购能充分利用大数据对所购买商品进行比对，最大限度地满足了消费者的这种消费习惯；另一方面他们又想享有连锁店的便捷性以及商品体验感，一下单即收到商品。消费者对于网购也变得越来越理智，体验式消费越来越重要，消费习惯的悄然改变，线下的体验和线上的快速下单相结合正好能满足消费者在价格和体验方面的需求。这种电子商务新模式，将虚拟的电子商务网站与传统流通企业实体连锁店相结合，更加符合目前大部分消费者的消费心理，也更便于网站在消费者心中树立信心，为网站将来的发展奠定良好的基础。

（二）消费者生活方式的改变

便利性和快捷性是多数网购者的心理需求，据统计，截至 2024 年 12 月，中国网络购物用户规模达到 9.74 亿人，占网民整体的 87.9%。快节奏的生活方式使越来越多的人成为网购主力军，他们需要通过便捷的网购和快速的物流配送来加快自己的生活节奏，提升生活品质。

（三）物流资源的优化

节省成本是物流公司追求的共同利益，而各种资源的整合能给物流创造出更大的生存和盈利空间。网店能借助原有的实体连锁店物流配送体系进行快速配送，而实体连锁店则能依附网店的开放性对商品和连锁品牌进行推广。因此它们之间的互补性有助于对物流资源进行合理的配置，使其得到优化。

“得物流者得天下”，因此在消费观念已发生改变的当今社会中，物流模式必须顺应大数据时代下电子商务的快速发展而做出改变。网店+实体连锁店模式正是在这样的历史背景下应运而生的。网店+实体连锁店物流模式的流程如图 3-2 所示。

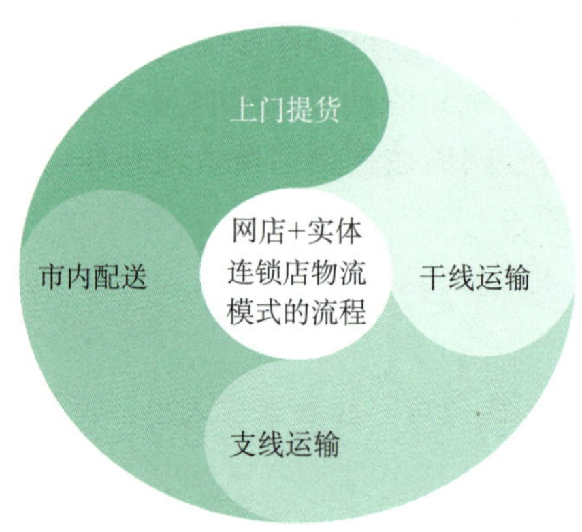

图 3-2 网店+实体连锁店物流模式的流程

三、网店+实体连锁店经营模式分析

在网店普及、实体连锁店发展的同时，它们之间的竞争也引起了各方的关注。下面从成本、质量、信誉、购物方便性和购物体验感几个方面分析一下网店和实体连锁店的经营特点。

（一）成本

成本一般由直接成本和间接成本构成，如表 3-1 所示。

表 3-1 网店成本与实体连锁店成本

网店成本		实体连锁店成本	
间接成本	直接成本	间接成本	直接成本
网店构建成本	进货成本	店铺成本	进货成本
通信成本		基础运营	
物流成本		税收	
税收成本		人工成本	
人工成本			

对于淘宝和京东等这些网络平台上的网店，其通信成本和网店构建成本是很低的，网店日常运营的最大成本是物流成本，虽然经营商常常把快递费转嫁给客户，但是这也就变相提高了价格。

实体连锁店最大的成本支出是店铺的成本，其中包括租金和店面布置装修成本。店铺成本远远高于网店的物流、通信和构建成本。

从成本角度看网店占有较大优势，我国一些城市尤其是一线城市房地产价格十分高，而网络通信费、物流费却呈现下降趋势，实体连锁店在成本上的弱势会越来越大。

（二）质量

对网店销售产品的质量历来褒贬不一，浙江省消费者权益保护委员会调研表明“线上的商品质量状态相比线下的商品质量，相对差一些”，其原因主要包括：一是门槛较低，各个网站对线上商铺的要求不一致，很多店铺以价格高低作为选取备货商品的主要因素。二是监管薄弱，目前虽说各平台对线上商品有一定的质量监督，也起到了一定的效果，但比对实体连锁店商品质量的监管力度薄弱许多，没有形成常态化监管模式，容易造成鱼龙混杂现象。三是无序竞争，各个电商平台的商铺为迎合消费者的购买心理，吸引消费者眼球，刻意追求质次价低产品上架，无序竞争激烈。四是价格至上，部分企业对线上、线下产品的供货不一样，线上产品更偏重于低价铺货。

（三）信誉

在网络购物中，网店口碑、信誉度是由购买的消费者自评的，且这种评价是公开的，每一个消费者都能看到。而实体连锁店的信誉（口碑）在传播上存在困难，一些官方的评价可信度很难被消费者认可。另外由于信息不对称和缺乏物理感知，某些心理因素可能也会影响消费者的在线购买意愿。实体连锁店由于其实体的存在，以及购买地和居住地靠近，也能在心理上给消费者一种信任感。

（四）购物方便性

我们从购买行为、物流和支付三个方面讨论网店和实体连锁店购物方便性。网店的方便性，主要来源于购买行为不受时间和地点的限制，网络购物是一种极其方便的购物方式。时下的青年男女，白天忙完纷繁的工作，下班时间有时会很晚，再去逛实体店买商品已很难，那么网络购物对他们来说就成了最快最方便的购物方式。特别是由于我国网络普及，越来越多的人加入到网络购物的行列。

近年来，我国物流行业呈现“稳中有升”的趋势，2024 年全国社会物流总额突破 360 万亿元，同比增长率 5.8%。第五次全国经济普查数据显示，当前我国物流相关法人单位超过 90 万个，个体经营户超过 810 万个。我国物流岗位从业人员超过 5 500 万人。其中，即时配送等新业态领域从业人员增长超过 50%，明显高于同期城镇就业人员增长平均水平。物流的方便性也大大促进了网店的普及。

电子支付系统是电子商务体系的重要组成部分，从电话银行到网店购物，从网上转账到境外刷卡消费，在经济全球化的趋势下，作为电子商务的核心环节，电子支付也得到了迅速发展。淘宝网于 2003 年 10 月推出了第三方担保交易工具——支付宝。2016 年 6 月网上支付用户量达 4.55 亿，目前，微信支付在中国拥有超过 10 亿的用户，而支付宝拥有超过 7 亿的用户。实体连锁店需要特定的地方和特定时间实现销售，但是实体连锁店在物流和支付方便性却优于网店。

（五）购物体验感

从购物的体验感来说，网店存在较大的劣势，购买者无法现场看到所购商品，特别是一些特定商品，如服装等，更需要现场试穿，亲自感受，从而影响其购物决策。而实体连锁店的优势在于消费者能亲眼看见所购产品质量的好坏。

网店和实体连锁店各有特点（见表 3-2）。网店的优势在于其经营成本较低，从而可以以较低的价格吸引消费者，另外由于特有的时空方便性，以及物流、支付的方便性，消费者具有较好的购物时空自由性。由于网店没有地域限制，因此具有较大的客户群，消费群体面广。现在大多数网店为了提高自己的信誉，也在逐渐提高所经营产品的质量。为了增强消费者的安全感，许多网店都实行七天无理由退换。网店的劣势在于消费者购物体验感不够，需要技术发展的支持，如 3D 技术、虚拟试衣、虚拟现实等。但这方面无论技术还是工具都不太成熟，离应用推广还有一定的距离。

表 3-2　网店和实体连锁店特点对比

特点	网店	实体连锁店	备注
成本	低	高	网店具有很大的优势
质量	低	中	网店产品质量在逐渐提高
信誉度	公开性	实体存在，消费者安全感好	
体验感	差	好	

另外现在物流虽然有一定的规模，但快递业务在运作管理上和网店经营模式匹配性不够，如验货、保险、货物保护等，都有较大的提高空间。

而实体连锁店的最大劣势是成本较高，另外由于地域限制，其面向的客户群区域小，消费群体面窄。现在的许多实体连锁店利用自己已有的产品优势，在网上开店，采用各种灵活的经营方式，实现网店＋实体连锁店结合经营，以满足不同类型消费者的需求。这是当今社会发展的趋势，这种新的经营模式必须在物流的配套下才能实现。

网店与实体连锁店各具优缺点，只有将两者结合，才能充分发挥各自的优势。网店＋实体连锁店就是在这种经济发展下的产物，这种经营方式既充分利用网络资源，又发挥实体连锁店的实物体验感和良好的售后服务。

四、网店＋实体连锁店物流模式的优势

网店＋实体连锁店物流模式的优势如图 3-3 所示。

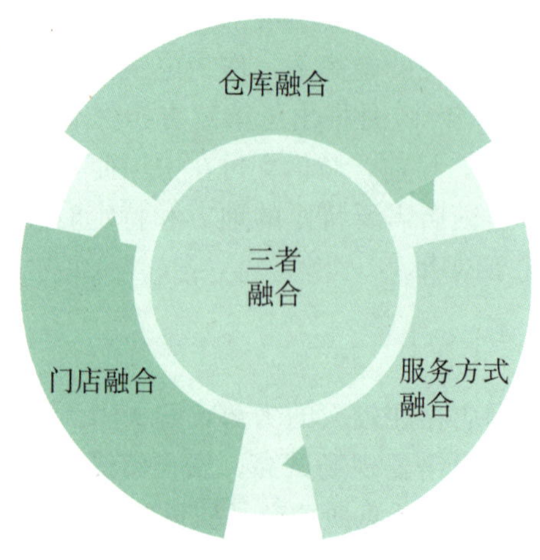

图 3-3　网店＋实体连锁店物流模式的优势

（一）仓库融合

同品牌线上线下销售渠道共用仓库，可以实现就近发货，更好地发挥品牌多仓多点的优势，缩短物流的运输距离，更快响应和实现物流。仓储成本是物流的主要成本之一，通过线上和线下的仓储融合，避免重复建设，从而节省了物流成本。

（二）门店融合

线上店铺与线下店铺相扶相助，共享资源，同步销售，融合管理，通过各种营销方式提高市场份额；可以实现线下体验、线上下单，有利于体验感的提升。网店借助门店的售后服务工作，可以在节约网店投资售后服务所需要的大笔开支的条件下为消费者提供良好的服务，门店也成了商品质量保证的坚实后盾，让消费者放心购物，减少纠纷，解决电子商务售后服务的难题。

（三）服务方式融合

融合线上线下消费者数据，售后服务方式多样化，提升消费者体验，完善整个服务流程。

网店＋实体连锁店物流模式利用现实资源，优势互补。与实体连锁店合作，最主要的目的就是要利用实体连锁店的物流设施及供应链资源，众多的网店能加快配送速度并降低成本，配送时间短、效率高。对于与实体连锁店同城的消费者，网店可采用与“同城快递”这一类第三方物流公司合作的方法，一般都能在一到两个小时之内将商品送到消费者手中。对于其他地区的消费者，只要与网店合作的实体连锁店分布得足够广，也能达到与其他电子商务模式相比更接近消费者的效果，通过就近的流通企业将商品寄递的办法应该略优于其他电子商务模式。

网店＋实体连锁店物流模式具有非常明显的优势，它是在新零售电商的带动下蓬勃发展起来的，很好地弥补了其他物流模式的不足。

课堂思考

新零售电商的发展会给物流行业带来怎样的机遇和挑战？

五、网店＋实体连锁店物流模式的局限

显然，在互联网的高速发展下，网店＋实体连锁店的经营方式有非常明显的优势，但另一方面的劣势也凸显出来，具体表现如下：

（一）必须有强大的连锁店和完善的物流网点作为支撑

如果不具备完善的物流网点，就完全发挥不出这种模式的优势。本模式的实施需要连锁店建立基于门店的宅配体系，当合作方电子商务暂不足以支持宅配体系的投入时，连锁店会面临先期投入的营运风险。

（二）实体连锁店必须具有较高的知名度

品牌效应是影响消费者选择的重要因素，如果没有这方面的资源，也发挥不出这种模式的优点。

（三）门店跨区域配送功能存在局限

目前国内连锁店主要集中于上海、北京、广州等大城市，中小城市的连锁店基本没有跨区域的网络，因此对于无门店支持的跨区域配送，还需要第三方物流的支持。

课堂练习

1. 在网店＋实体连锁店物流模式中，关于成本方面，以下说法正确的是（　　）。

A. 网店成本主要由店铺租金和店面布置装修成本构成

B. 实体连锁店成本主要由进货成本和物流成本构成

C. 我国一些城市尤其是一线城市房地产价格十分高，实体连锁店成本劣势越来越大

D. 网店通信成本和构建成本较高

2. 关于网店销售产品质量，以下说法错误的是（　　）。

A. 线上商品质量相比线下商品质量相对差一些

B. 各平台对线上商品质量监督已形成常态化监管模式

C. 部分企业线上产品更偏重于低价铺货

D. 各个电商平台商铺存在无序竞争，刻意追求质次价低产品上架

3. 网店＋实体连锁店物流模式中，仓库融合的优势不包括以下哪项？（　　）

A. 实现就近发货　　B. 缩短物流运输距离

C. 节省物流成本　　D. 提高商品质量

4. 网店＋实体连锁店物流模式的劣势不包括以下哪项？（　　）

A. 必须有强大的连锁店和完善的物流网点作为支撑

B. 实体连锁店必须具有较高的知名度

C. 门店跨区域配送功能存在局限

D. 网店构建成本高

任务二　网店＋实体连锁店物流模式的运作方式

任务描述

小李经过了一段时间的工作和学习，已经基本了解了网店＋实体连锁店这种物流模式的含义以及它产生的原因，也清楚掌握了电商物流岗位的工作职责，但是他还不清楚

这种模式下的物流运作方式，他该从哪些方面着手去了解呢？

任务目标

掌握网店＋实体连锁店物流模式的运作方式。

任务实施

网店＋实体连锁店物流模式是在新零售电商的发展中逐渐形成的一种物流模式，它具有明显的发展优势，也渐渐形成了独特的运作方式。其中最为典型的是苏宁和国美的运作方式。

一、网店＋实体连锁店的运作方式

网店＋实体连锁店运作由订单处理、物流配送、售后服务三大模块组成，如图 3－4 所示。

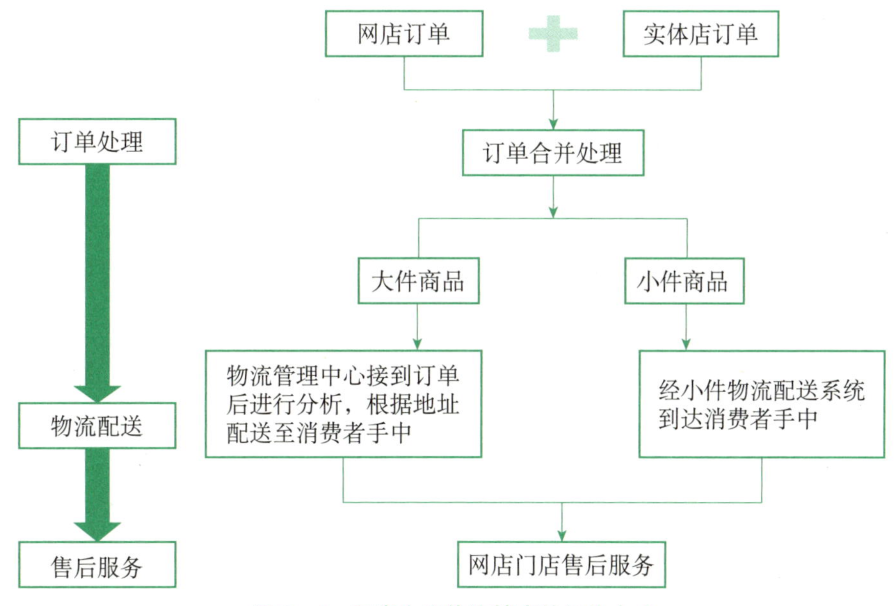

图 3－4　网店＋实体连锁店的运作方式

（一）订单处理

根据消费者的网店订单和实体连锁店订单情况进行订单信息汇总合并，后台定期分批对订单信息进行处理，系统根据货物大小进行订单分类。

（二）物流配送

根据系统提示，物流集控中心将大件商品和小件商品以不同的配送方式分别送到消费者手中。

（三）售后服务

不管是网店商品还是连锁店商品，都可以在连锁门店享受售后服务，免除消费者的后顾之忧。

二、苏宁物流的运作方式

（一）线上和线下物流系统的运作模式

苏宁线上和线下物流系统的信息、物质交换如图 3-5 所示。

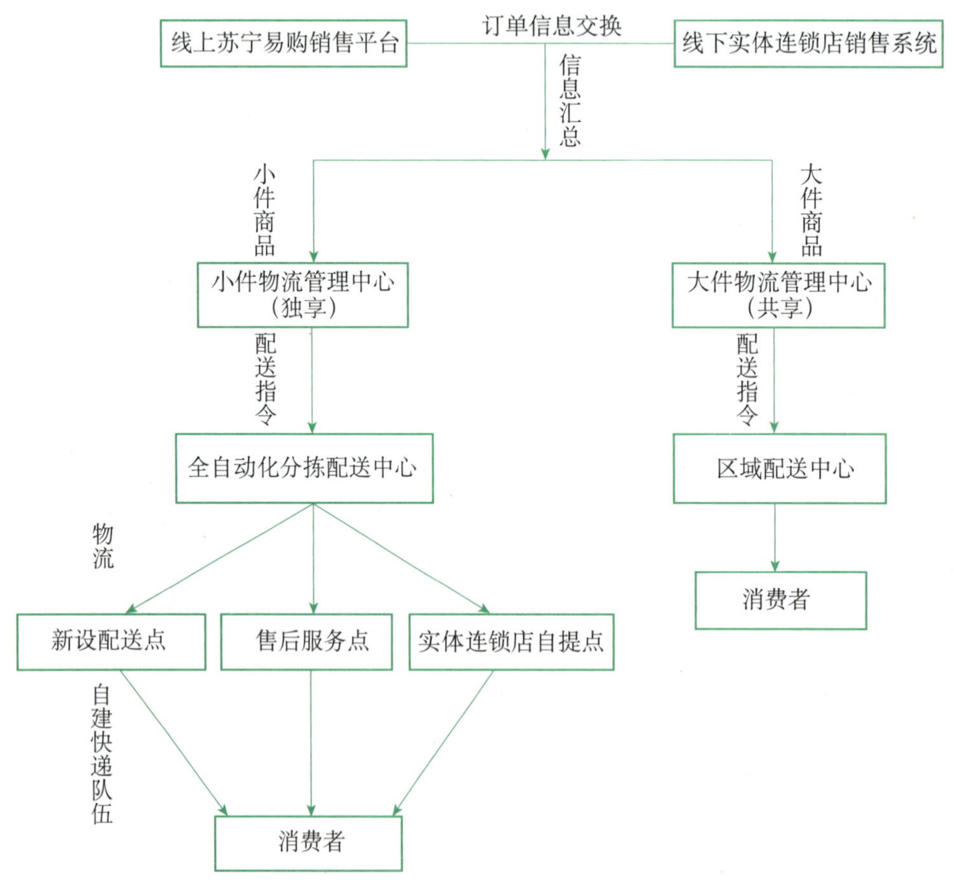

图 3-5 苏宁线上和线下物流系统的信息、物质交换示意图

（二）线上和线下物流信息系统的响应

苏宁的快速发展与其阳光服务承诺有着密不可分的关系，其中物流是苏宁实现服务承诺的有力手段。在整个物流系统的构建上，一方面要充分利用苏宁的线下物流系统资源，另一方面还要满足苏宁各类产品的物流需求，线上物流系统的选择和构建成为苏宁首要考虑的问题。

由于我国的第三方物流业发展不成熟，难以提供苏宁线下物流系统已提供的一系列增值服务，同时，以外包的方式来建立线上物流系统，会使配送服务的质量难以控制，出现线上、线下服务质量良莠不齐的局面，削弱苏宁最核心的服务竞争力，而苏宁已建立了较完备的线下物流网络，并对线下物流具有较强的管理能力，因此，苏宁选择自建线上物流系统来实现与线下物流系统的对接与协同。

（三）线上和线下物流系统的核心能力

苏宁早期经营的品类主要是家电产品，负责给顾客配送的产品也多是体积较大的，因此，苏宁的线下物流系统拥有较强的大件商品配送能力。然而随着苏宁整体品类的扩张，尤其是苏宁易购的发展，产品范围逐渐扩展到日用百货等小件商品，原来的线下物流系统在这些小件商品的配送方面不具有优势。

目前，苏宁的线上物流系统专职于小件商品的配送，线下物流系统专职于大件商品的配送。针对线下物流系统，苏宁从物流网络的布局、物流信息化管理、物流机械化操作等诸多方面加强了线下实体店在大件商品方面的物流配送能力。针对线上物流系统，建设了能够满足苏宁易购的第四代物流基地和第五代自动化仓库，以及城市自营快递体系；在自动化拣选中心内部，采用领先科技的立体存储、语音拣选、电子标签拣选、自动分拣等技术，实现了从商品入库、上架、转仓、拣货到集货的作业全部由信息系统支持，大大提升了小件商品的远距离快速配送响应能力。

（四）快递配送方式

（1）由较大门店的员工将线上订单商品配送到周边一公里范围内的顾客家中，收货地址通常位于靠近大门店的城市繁华路段。

（2）将苏宁的售后服务网点作为转配点，由售后服务网点的人员将线上订单商品送到顾客家里去，收货地址通常位于城郊或较为偏僻的地带。

（3）采用电子商务企业自营物流配送模式（自营为主）。电子商务企业自营物流配送模式是指电子商务企业根据自身的规模、商品的配送量、企业的经营策略以及业务网点布局等多种条件与因素，依靠自己构建的网络体系开展本企业物流配送业务，在合适的地点建造一个或多个配送中心。其核心是建立集物流、商流、信息流于一体的现代化新型物流中心。

1）配送中心模式。苏宁易购实际是一种“网店+实体连锁店”的模式，网上的营销必须依附其线下的连锁经营来实现，由于苏宁易购面对的同样是来自全国各地的客户，因此配送中心模式应为最佳物流模式。通过配送中心，根据客户的订单和销售预测，进行规模化采购进货、保管，然后按客户订单所需商品及其数量，在规定的时间准时送达客户（这里的“客户”既指下一级的配送中心，也可以指苏宁的连锁门店、最终客户等）。

2）速递队伍。除大型配送货车外，苏宁易购的另一支配送小分队也在日益壮大，他们每日满载各种小件商品，穿梭于城市街道之间。这就是苏宁易购的毛细物流配送体系——速递队伍。

（4）第三方物流配送模式。对于一些订单，苏宁易购在无法或者暂时无法完成的情况下，可以将业务外包给第三方物流企业。

三、国美物流的运作方式

国美建立了集中配送模式、自营及第三方配送相结合的弹性的物流体系。在库存上，分为“大库”和“小库”，它们构成了国美电器全国连锁的物流系统的枢纽。“大库”是指配送中心，国美在每个地区只设立一个 7 000～10 000 平方米的配送中心，由这个地区和所有与之相邻的地区共同使用。“小库”是指国美各门店配备的小型仓库，用于存放少量库存。其物流体系如图 3－6 所示。

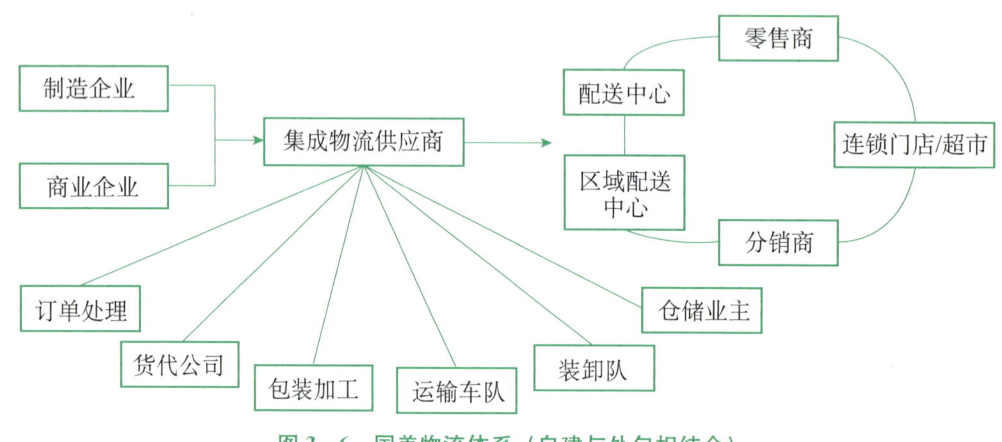

图 3－6　国美物流体系（自建与外包相结合）

（一）网店＋实体连锁店配送体系

当顾客在国美门店购买商品时，只需要说出配送目的地的地址，销售人员就可以在终端电脑上读取系统推荐的有效且可选择的几个配送时间段，顾客根据需要选择即可，而这背后的“功臣”就是智能配送引擎。如图 3－7 所示。

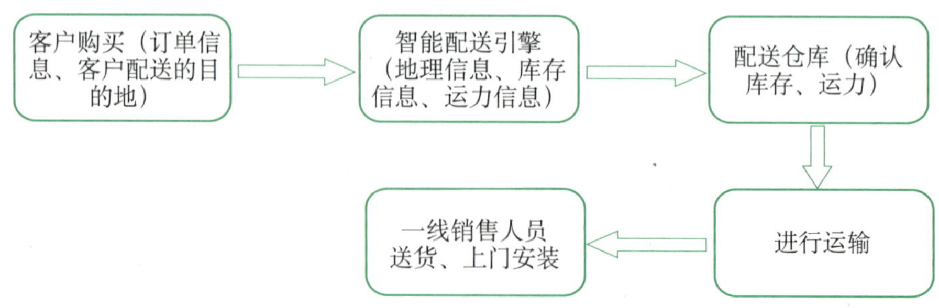

图 3－7　国美的网店＋实体连锁店配送体系

（二）业务配送体系

在配送运作模式上，国美将原先的“门店储存配送”模式改革为“集中配送”模式，大件的电器由生产厂家驻各地的分公司直接送至配送中心，在顾客看完样机下订单之后

再由配送中心统一配送到顾客家中。在门店摆放的多为顾客方便直接带走的电器和样机等。集中配送模式与原先的门店储存配送模式相比更加科学、高效，成本和产品损坏率更低。但这就要求每个地区分部有 7 家以上的连锁店，这样配送中心方能发挥其作用。其业务配送体系如图 3-8 所示。

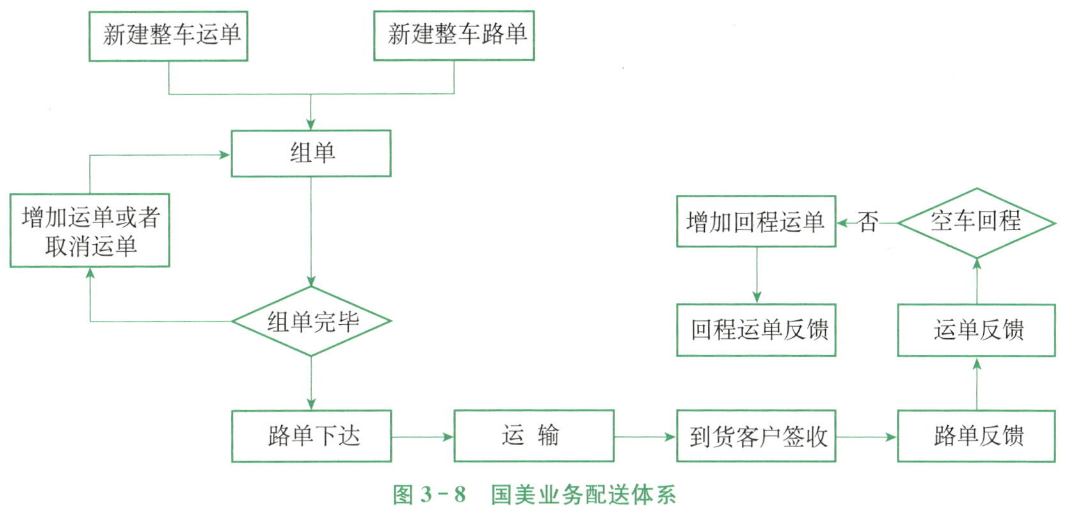

图 3-8 国美业务配送体系

（三）物流模式

国美的物流模式随着业务的发展也在不断发展变化，从一开始的“大库”到“门店储存配送”，再到后来的配送中心集中配送，国美的物流配送模式逐步走向成熟。

1. 门店储存配送物流模式

开始阶段：这一阶段国美物流仅限于“大库”的概念。当时国美的业务范围还仅限于北京地区。在北京郊区设立一个“大库房”，各家门店设立相应库房；厂商将大件商品直接送到“大库”，再由调货车配送到门店库房。顾客交款后，到门店库房提货、验货，并由顾客自己找车运回。

业务高速发展期：采用“门店储存配送”的物流模式，国美向顾客提供大件商品送货上门服务。当时各门店销售的商品均在门店库房储存，顾客交款后直接到门店库房提货，开箱验货满意后，由门店派车送货上门。这种给客人送货的方式操作起来很麻烦，每一个门店都要有一个自己的仓库、有自己的送货车，资源不能共享，造成很大浪费。这种单一的模式只适合门店形式，并不适合当今快速发展的电商新时代。

2. 建立物流配送中心

2002 年 3 月国美物流部成立，国美开始全面实施“集中配送”的物流模式，即将所有冰箱、洗衣机、空调、彩电等大件商品和一部分小件商品集中储存在配送中心，所售商品由配送中心集中配送到顾客家中。在每一个地区，国美只设立一个配送中心，由这个地区和所有与之相邻的地区共同使用。国美的物流配送中心、电器配送流程、物流信息查询及物流配送中心的标准配送流程如图 3-9 至图 3-12 所示。

图 3-9　国美的物流配送中心

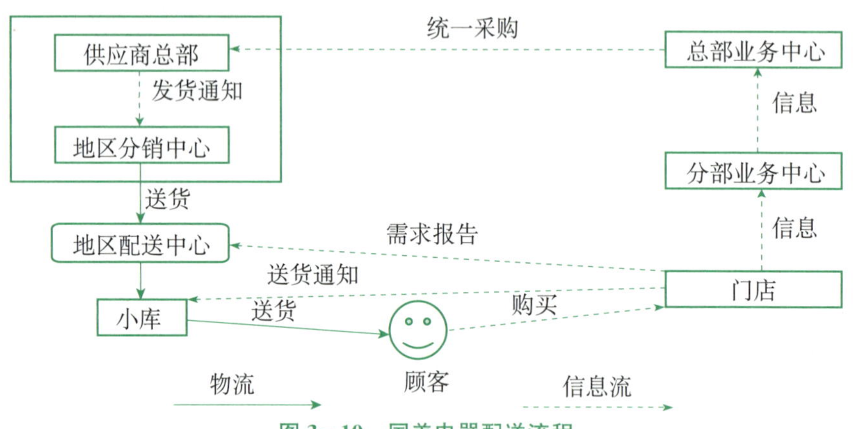

图 3-10　国美电器配送流程

一、商品出库时间说明

国美大家电配送在您下单48小时内，会有工作人员联系您确认送货时间；

国美小件商品配送自下单起24小时内出库；

供货商直接配送商品自下单起48小时出库；

第三方卖家配送商品自下单起72小时内出库。

二、特色服务说明

半日达

当天上午11:00前提交的现货订单（以订单出库时间点开始计算），当日送达；哪些地区享受此服务？

次日达

在次日达区域，当天22:00前提交的现货订单（以订单出库时间点开始计算），次日送达。哪些地区享受此服务？

指定日达

在指定日达区域，您可享有选择自下单之日起7日内的预约送达服务。哪些地区享受此服务？

门店自提

客户下单时，选择门店自提服务，支持客户订单在国美电器门店的自提。

三、小件商品 送货进度查询

您可以通过订单号，直接在您所在地区对应的快递网站查询

示例：江苏的用户，购买了一款移动电源，可登陆www.szdod.com 后，输入1开头的订单号查出该商品的配送进度 。

发货仓库	配送区域	承运商	官方网址	查询电话	查询方法
	全国	北京顺丰	www.sf-express.com/cn/sc/	4008-111-111	登录承运商官网，输入订单号查询
	全国	北京邮政	www.ems.com.cn	11183	登录承运商官网，输入订单号查询
	全国	北京速达通	www.ems.com.cn	010-56243384、11183	登录承运商官网，输入订单号查询

图 3-11　国美物流信息查询

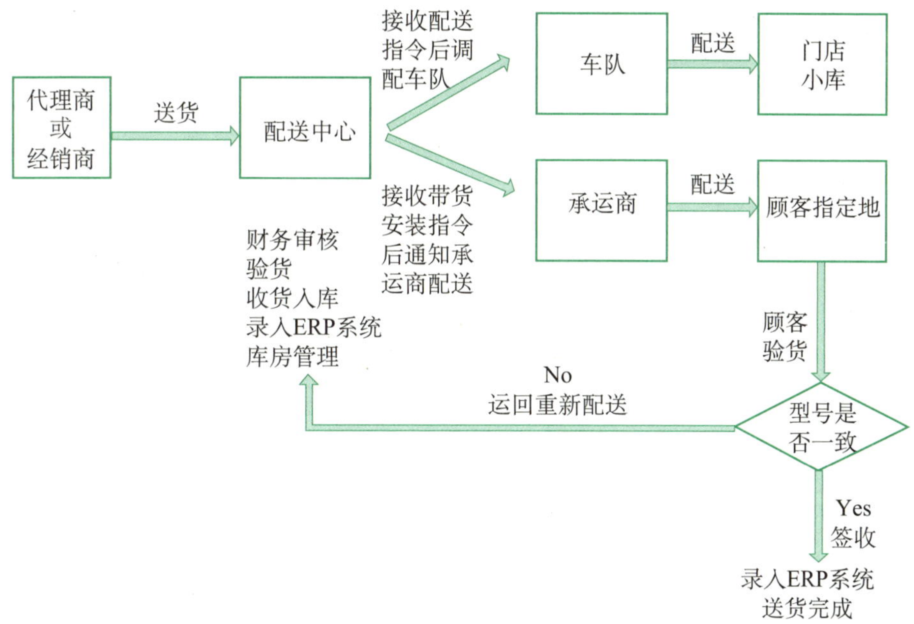

图 3-12 国美物流配送中心的标准配送流程

苏宁和国美这两种典型的网店+实体连锁店的物流模式的共同点都是在自有物流体系的基础上，实现网店订单和实体连锁店订单的信息合并，以原有的强大物流网络为基础，实现物流快速反应，及时配送。但是随着电子商务的发展，线上的购物体验已经臻于完美，而线下的物流配送以及安装服务的体验，目前还处于不断优化的过程。但线上消费者的购物体验需求一定要贯穿线上线下，不仅需要前台的销售服务，还需要后台的物流服务和售后服务，谁能实现仓储、配送、售后服务资源的高效整合，使后台有效地协同前台，谁就能实现线上线下的融合。

课堂思考

苏宁物流与国美物流有什么异同？

课堂练习

1. 在网店+实体连锁店运作方式中，订单处理是根据（　　）进行订单信息汇总合并的。

A. 消费者的网店订单

B. 消费者的实体连锁店订单

C. 消费者的网店订单和实体连锁店订单

D. 消费者的电话订单

2. 苏宁选择自建线上物流系统的原因不包括以下哪项？（　　）

A. 中国第三方物流业发展不成熟，难以提供线下物流系统已有的增值服务

B. 以外包方式建立线上物流系统，配送服务质量难以控制
C. 苏宁已建立较完备的线下物流网络，对线下物流管理能力强
D. 自建线上物流系统成本更低

3. 苏宁线上物流系统专职于哪种商品的配送？（　　）

A. 大件商品　　B. 小件商品
C. 家电产品　　D. 日用百货

4. 国美在每个地区设立的配送中心面积是（　　）。

A. 3 000～5 000 平方米　　B. 5 000～7 000 平方米
C. 7 000～10 000 平方米　　D. 10 000～12 000 平方米

5. 国美物流体系中，“小库”是指（　　）。

A. 配送中心　　B. 国美各门店配备的小型仓库
C. 大型仓库　　D. 中转仓库

任务三　网店＋实体连锁店物流技术和设备及管理

任务描述

经过一段时间的努力，小李已经非常熟悉苏宁的物流操作流程，但是在工作过程中，他发现有很多新的物流技术和设备投入使用，新物流技术的应用也成了小李目前需要攻克的难题。

任务目标

1. 掌握以苏宁为代表的网店＋实体连锁店物流模式所使用的新技术和设备；
2. 理解在这些新技术和设备的应用下物流管理的新的发展方向。

任务实施

一、网店＋实体连锁店物流技术和设备

（一）AGV 机器人

AGV 即 Automated Guided Vehicle（自动导向搬运车）的缩写，最常见的应用有 AGV 搬运机器人或 AGV 小车，主要功用集中在自动物流搬转运。AGV 搬运机器人是通过特殊地标导航自动将物品运输至指定地点，最常见的引导方式为磁条引导、激光引导、磁钉导航、惯性导航。AGV 机器人的体积尺寸为 1 020 × 950 × 500mm^3，自重 160kg，可以承重 800kg 的货架自如行走，如图 3－13 所示。当没电时，AGV 机器人可

以自动回到充电桩自行充电。

图 3-13 AGV 机器人

这款机器人在上海奉贤物流基地已经正式投入使用。这款机器人的应用，让商品的拣选不再是人追着货架跑，而是等着机器人驮着货架排队跑过来，通过移动机器人搬运货架实现“货到人”拣选，打破了传统的“人到货”拣选模式。

AGV 机器人有两种组合。一是机器人与货架的组合，主要用于承载 3C 小件和拆零件。单件商品平均拣货时间为 10 秒，小件商品拣选效率是人工的 5 倍以上，拣选准确率可达 99.99%以上。二是机器人与托盘合作，应用于 3C 商品整件以及大批量的搬运工作。AGV 托盘机器人的整件商品拣选效率是人工的 10 倍以上，单件商品平均拣货时间为 10 秒，拣选准确率可达 99.99%以上。相对于运小件商品货架的 AGV 机器人，托盘机器人载重量可达 800kg，相当于一次性能承载 200 个电脑显示器。

所以，采用 AGV 机器人可以节省大量人力，一个 AGV 机器人可以替代 10 个工人，让以往一个仓库中的劳动工人从 50～70 人减少到只需要 5 人左右来负责机器人的操作。

大量 AGV 机器人的使用，提高了智能仓储的工作效率，加快了物流速度，大幅度节省了人力成本。目前京东、菜鸟、苏宁等的仓储拣货物流正在越来越多地使用这类机器人。

（二）物流无人机

苏宁在全国运营了多条常态化的无人机配送线路，其成熟的无人机技术成为苏宁空中智慧物流生态的一个关键组成部分。随着 2017 年 6 月年中大促无人机配送第一单的完成，苏宁无人机全面进入常规化运营线路搭建期。

智能技术向物流领域渗透已经是不可逆转的趋势，仓库作业的自动化、干支线配送的可视化、末端无人技术的新试验，都在或多或少地改变着传统物流模式，影响着物流效率的提升。

“无人机目前相对来说是更为成熟的无人技术，在偏远地区可以很好地补充末端配送的运力，提升快递到村的覆盖和时效，苏宁希望在无人机物流上做一些实打实的应用，会陆续开辟一些低空飞行线路，进行运营总结，推动行业一起进步。”苏宁无人机项目负责人介绍道。其他物流企业也在不同层面投入使用无人机，无人机可以更好地解决配送中的“最后一公里”问题。物流无人机如图 3－14 所示。

图 3－14　物流无人机

（三）共享快递盒

2024 年全国快递业务量首次突破 1 700 亿件。焚烧不可降解快递袋和胶带产生大量二氧化碳，对环境危害极大，因此，绿色物流成为当下电商行业乃至全社会关注的焦点。苏宁早在 2017 年 4 月就推出了共享快递盒计划，即在末端投递环节使用可循环的包装箱代替纸箱。

据了解，苏宁物流已对共享快递盒进行升级，新版共享快递盒采用环保高科技材料，重量轻，无毒无害，坚固耐用，可 100%回收再循环，生产过程中不排放任何有毒气体、不排放污水，让可循环的快递盒本身也绿色环保。如图 3－15 所示。

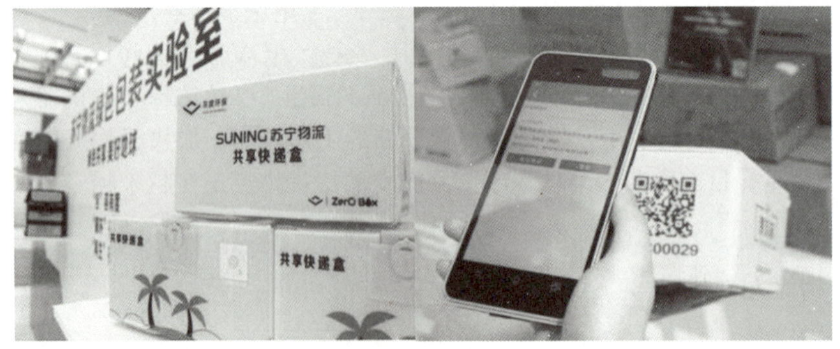

图 3－15　共享快递盒

党的二十大报告强调，“推动绿色发展，促进人与自然和谐共生”，这是中国在新时代推进生态文明建设、实现可持续发展的核心理念之一。苏宁新版共享快递盒，为解决包装行业痛点交上了一份堪称颠覆性的答卷，可以说苏宁的共享快递盒是环保物流的一个先行者，它给同行业的其他物流企业起到了非常好的表率作用。

（四）物流云平台

物流云平台是指基于云计算应用模式的物流服务平台。在云平台上，所有的物流公

司、代理服务商、设备制造商、行业协会、管理机构、行业媒体等都整合成资源池，各个资源相互展示和互动，按需交流，达成意向，从而降低成本，提高效率。如图 3－16 所示。

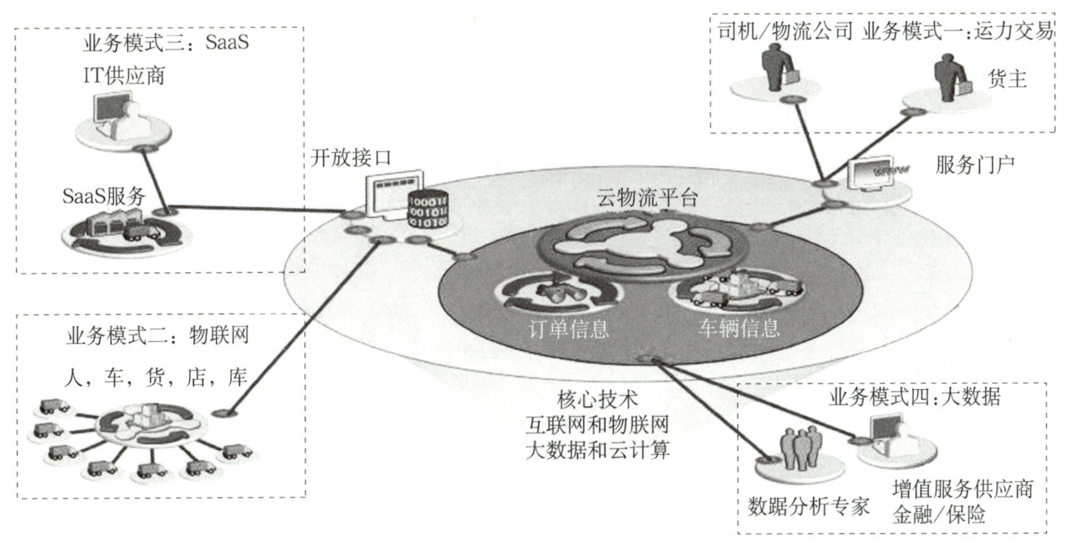

图 3－16 物流云平台

苏宁作为一家在互联网零售及物流行业深耕数年的企业，一直在着力推动社会物流资源的有效整合和高效利用，物流云平台是苏宁物流集团倾力打造的面向全国的第四方综合物流信息服务平台，是国家认定的第一批（10 家）重点物流信息服务平台之一，也是苏宁社会化转型的关键举措。

物流云平台依靠互联网和信息化手段，打造基于物联网、大数据、云计算等技术形成的信息化体系，以一套平台特有的会员诚信安全交易体系为保障，服务于干支线运输、配送、仓储、自提等环节，实现车源与货源、仓储资源、自提网点资源供需双方的有效对接。不断结合市场需求，推出送装一体、供应链服务、贷款融资、保险服务、代收货款、仓单质押、理财服务等。提升公路物流效率，提高服务质量与物流资源使用效率，节约社会物流成本。解决物流行业当前信息不对称和诚信缺失的难题，避免车辆空驶或最大限度降低空驶率，有效缓解“最后一公里”配送的瓶颈，通过担保交易、信用管理、保险赔付等机制，提高物流交易的安全性与可靠性。

物流云平台专注于为厂家、商家、物流企业、终端网点提供商、司机和各类会员提供“诚信、安全、及时”的一站式综合物流服务。提高供给和需求两端的集中度，依靠智能化的软件系统，实施仓配一体化管理，实现统一库存、统一配送、统一售后的仓配一体化服务，成为中国领先的以信息技术为核心的第四方信息平台。

在不断强大与完善信息平台建设的同时，将进一步整合线下资源，拓展网络支付与金融服务渠道，实现物流云、金融云、数据云“三流”融合，从而推动物流产业的现代化、信息化、集约化，推进高效透明、信息对称、价格公开的社会化现代物流体系的建立。

苏宁物流云平台如图 3－17 所示。

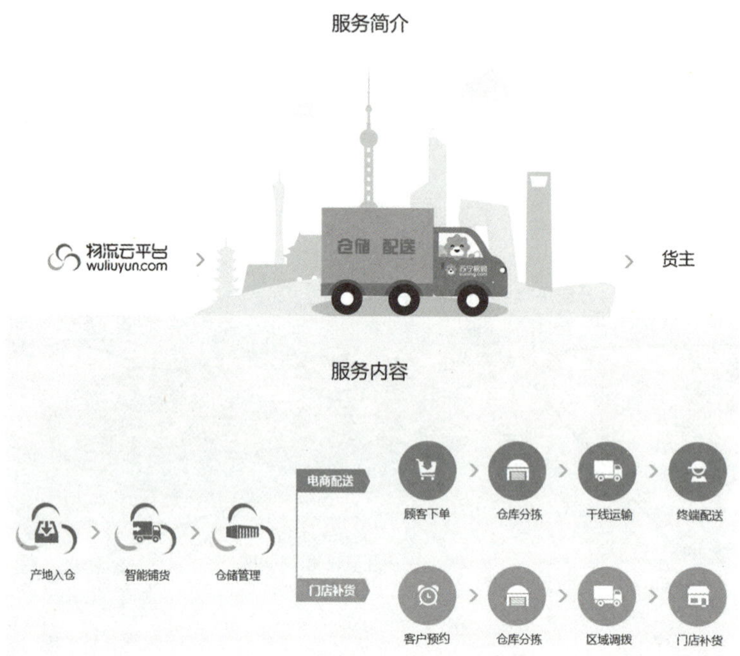

图 3－17　苏宁物流云平台

二、网店＋实体连锁店物流管理

（一）仓储管理

由于具有全国领先的物流技术，仓储管理也逐渐进入了无人生态系统时代，最大限度地减少了人工操作中的低效率问题。仓储管理的无人生态系统如图 3－18 所示。

图 3－18　仓储管理的无人生态系统

（1）装卸作业（如图 3－19 所示）。机械化的专业工具与设施，规范的装卸作业管理，极大地提高了仓容率。

图 3－19　无人生态系统之装卸作业

（2）商品信息维护（如图 3－20 所示）。商品信息维护全程采用条码管控、批号及唯一码管理、定制化、库存预警、库存数据报表自动生成等技术。

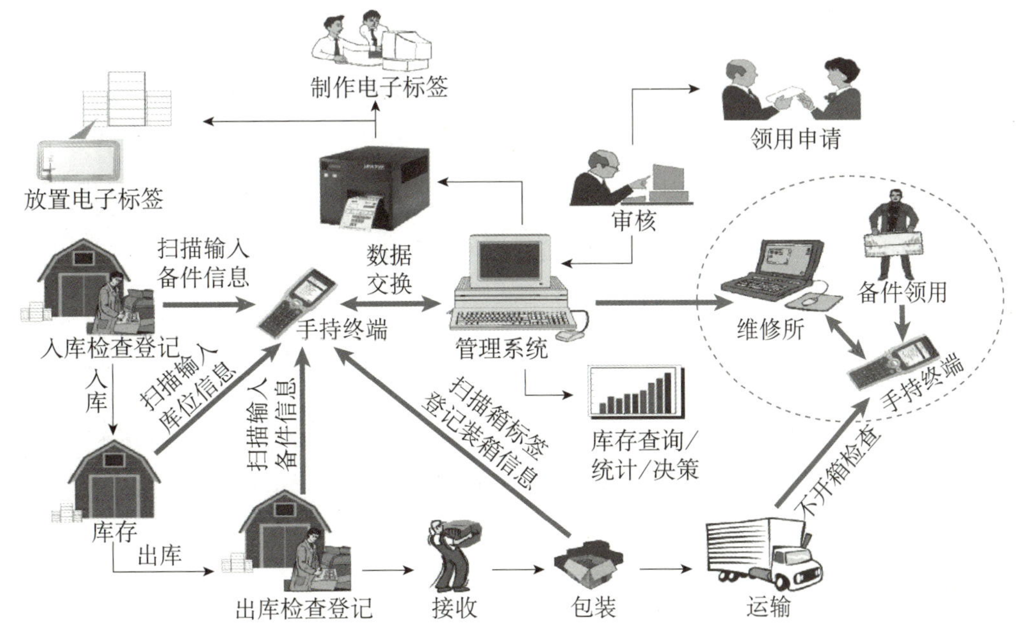

图 3－20　无人生态系统之商品信息维护

（3）出入库管理（如图 3－21 所示）。合理的出入库管理（可参考知识加油站）系统可以实现到货前预约、严格的收货质检流程、退货质检、分类入库等。

（4）安全措施（如图 3－22 所示）。支持 7×24 小时保安执勤，支持 7×24 小时无盲点监控。

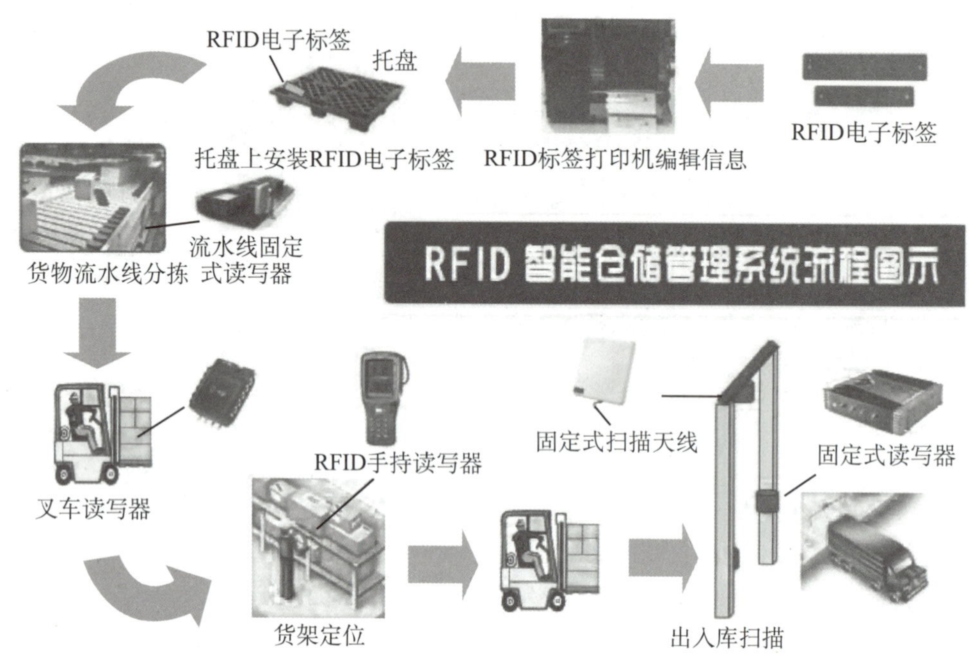

图 3-21 无人生态系统之出入库管理

图 3-22 无人生态系统之安全监控

（二）运输配送

（1）上门提货。接到客户提货指令，可上门提货或由客户将货物送到配送中心(DC)。

（2）干、支线运输。定期班车，全程监控。

（3）市内配送。通过电话预约、短信通知客户，客户可选择自提或送货安装，实现了一日三达、精准配送、送装同步的配送模式。

运输配送流程如图 3－23 所示，送装同步的流程如图 3－24 所示。

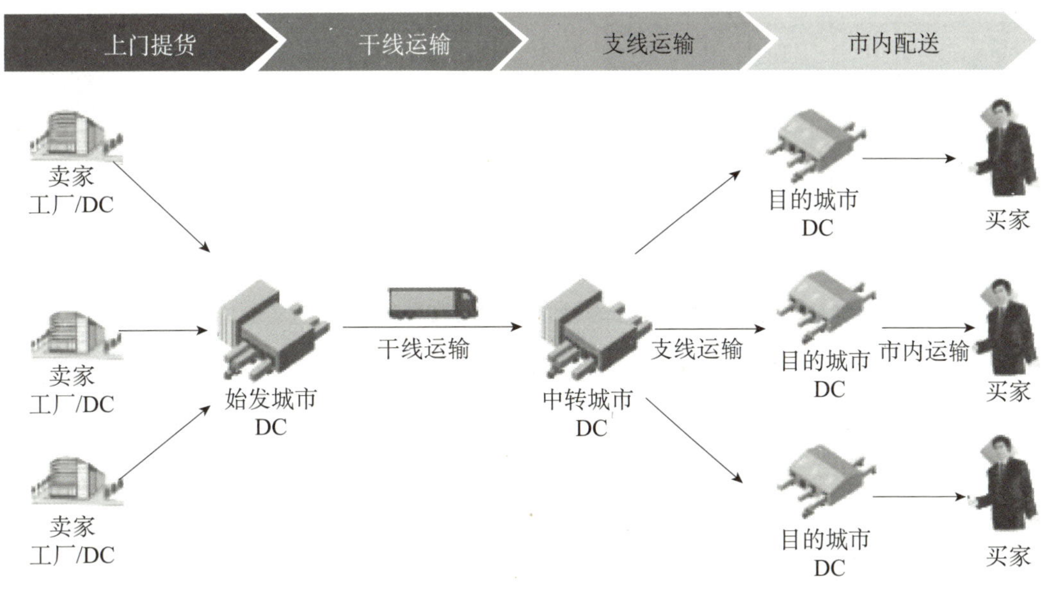

图 3－23 运输配送流程

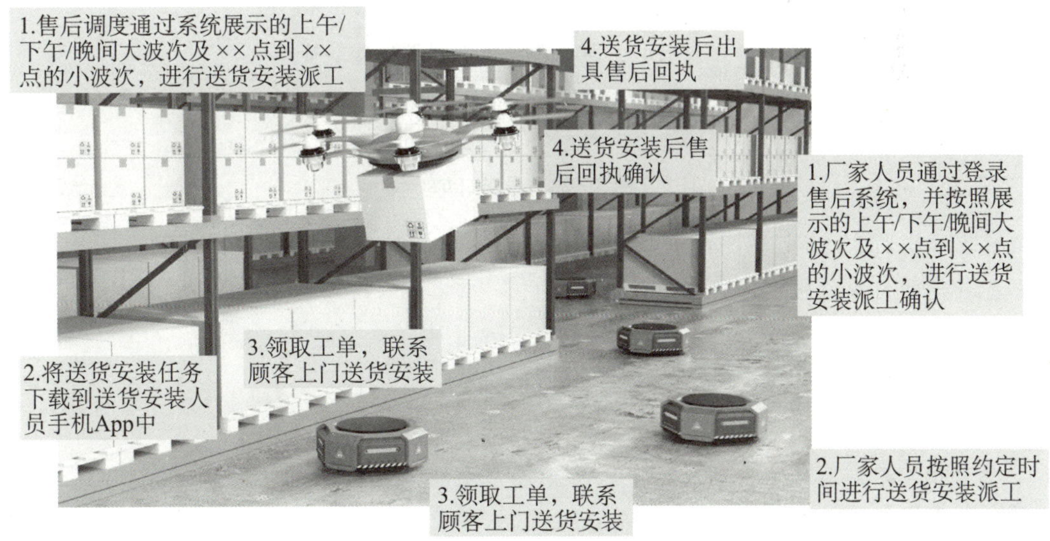

图 3－24 送装同步的流程

总之，不管是线上还是线下的订单，物流在经过订单的合并处理后，进行运输与配送。

网店＋实体连锁店的物流模式是很多著名电商企业所采用的一种行之有效的物流配送方式，极大地发挥了线上和线下的各种功能，达到了资源的最优化配置，既节省了物流成本，又完善了物流的各方面功能，满足了消费者的各种需求。

知识加油站

电子商务物流出库和拣选方法

1. 打印订单

第 1 步：导出订单。

打开电脑，登录淘宝账号，进入淘宝后台，查看“已卖出的宝贝”，查看订单明细，将交易成功的订单批量导出，如图 3－25 所示。

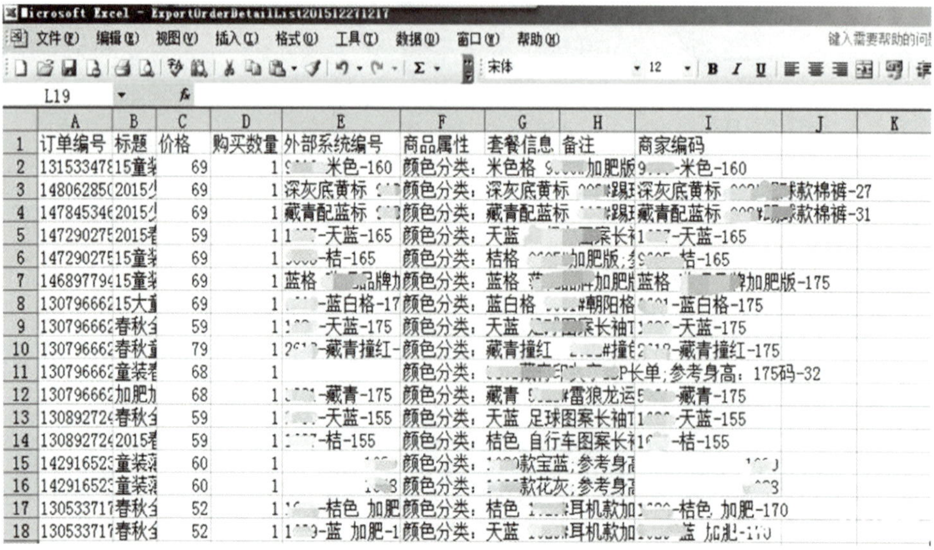

Microsoft Excel - ExportOrderDetailList201512271217

	A	B	C	D	E	F	G	H	I	J	K
1	订单编号	标题	价格	购买数量	外部系统编号	商品属性	套餐信息	备注	商家编码		
2	13153347[illegible]	15童[illegible]	69	1	[illegible]米色-160	颜色分类：米色格 [illegible]加肥版			[illegible]-米色-160		
3	14806285[illegible]	2015[illegible]	69	1	深灰底黄标 [illegible]	颜色分类：深灰底黄标 [illegible]#踢[illegible]			深灰底黄标 [illegible]款棉裤-27		
4	14784534[illegible]	2015[illegible]	69	1	藏青配蓝标 [illegible]	颜色分类：藏青配蓝标 [illegible]#踢[illegible]			藏青配蓝标 [illegible]款棉裤-31		
5	14729027[illegible]	2015[illegible]	59	1	1[illegible]-天蓝-165	颜色分类：天蓝 [illegible]图案长[illegible]			1[illegible]-天蓝-165		
6	14729027[illegible]	15童[illegible]	69	1	[illegible]-桔-165	颜色分类：桔格 [illegible]加肥版;[illegible]			[illegible]桔-165		
7	14689779[illegible]	15童[illegible]	69	1	蓝格 [illegible]品牌[illegible]	颜色分类：蓝格 [illegible]加肥[illegible]			蓝格 [illegible]加肥版-175		
8	13079666[illegible]	15大[illegible]	69	1	[illegible]-蓝白格-17	颜色分类：蓝白格 [illegible]#朝阳格			[illegible]-蓝白格-175		
9	13079666[illegible]	春秋[illegible]	59	1	[illegible]-天蓝-175	颜色分类：天蓝 [illegible]图案长袖T			[illegible]-天蓝-175		
10	13079666[illegible]	春秋[illegible]	79	1	[illegible]-藏青撞红-	颜色分类：藏青撞红 [illegible]#撞[illegible]			[illegible]-藏青撞红-175		
11	13079666[illegible]	童装[illegible]	68	1		颜色分类：[illegible]P长单;参考身高：175码-32					
12	13079666[illegible]	加肥[illegible]	68	1	[illegible]-藏青-175	颜色分类：藏青 [illegible]#雷狼龙运			[illegible]-藏青-175		
13	13089272[illegible]	春秋[illegible]	59	1	[illegible]-天蓝-155	颜色分类：天蓝 足球图案长袖T			1[illegible]-天蓝-155		
14	13089272[illegible]	2015[illegible]	59	1	[illegible]-桔-155	颜色分类：桔色 自行车图案长[illegible]			1[illegible]-桔-155		
15	14291652[illegible]	童装[illegible]	60	1	[illegible]	颜色分类：[illegible]款宝蓝;参考身[illegible]			[illegible]		
16	14291652[illegible]	童装[illegible]	60	1	[illegible]3	颜色分类：[illegible]款花灰;参考身[illegible]			[illegible]3		
17	13053371[illegible]	春秋[illegible]	52	1	[illegible]-桔色 加肥	颜色分类：桔色 [illegible]耳机款加			[illegible]-桔色 加肥-170		
18	13053371[illegible]	春秋[illegible]	52	1	1[illegible]-蓝 加肥-1	颜色分类：天蓝 [illegible]耳机款加			[illegible]蓝 加肥-1[illegible]		

图 3－25　导出订单

第 2 步：打印订单。

把导出的订单逐张打印出来，以做备货用。

2. 按订单分拣

(1) 摘果式分拣方式。

第 1 步：准备好配货单和工具。

检查相关单据信息是否一致，重点检查客户名称及商品信息，明确储位所在区域，查明货物拣取的注意事项。

第 2 步：实施摘果式拣货。

订单的货品品种不多，但是体积、外形变化大，宜采用摘果式拣货，就像从果树摘下果实一样去拣取货物，如图 3－26 所示。

第 3 步：将货品搬运到指定位置。

(2) 播种式分拣方式。

第 1 步：准备好配货单和工具。

第 2 步：实施播种式拣货，如图 3－27 所示。

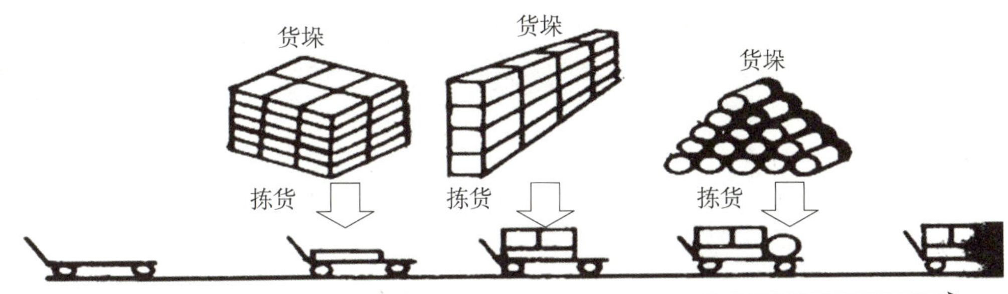

图 3-26 摘果式拣货

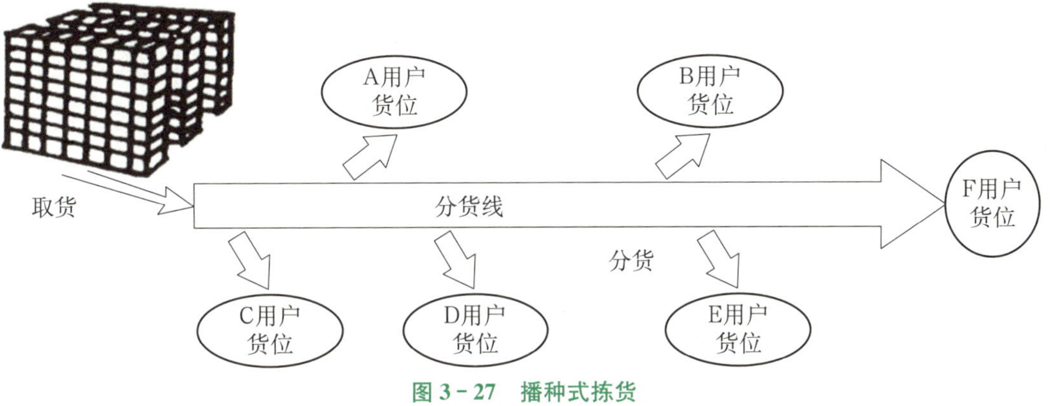

图 3-27 播种式拣货

第 3 步：将货品搬运到指定位置。

3. 按订单配货

第 1 步：复核出库单据。

第 2 步：复核商品账卡。

第 3 步：复核实物。

4. 货品包装

第 1 步：准备商品和包装材料。

第 2 步：防震包装处理，如图 3-28 所示。

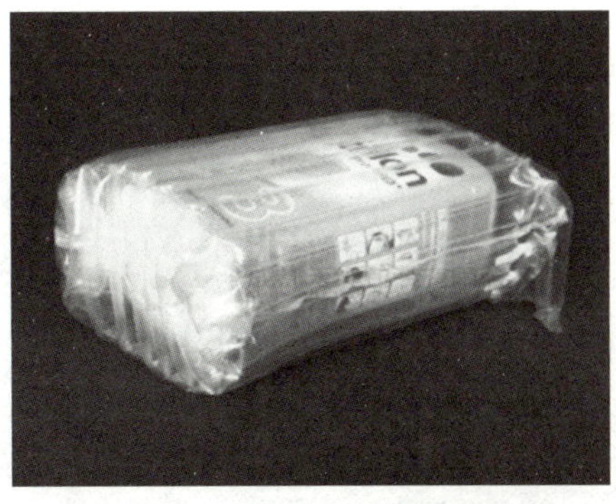
图 3-28 防震包装处理

第 3 步：打包封箱，如图 3-29 所示。

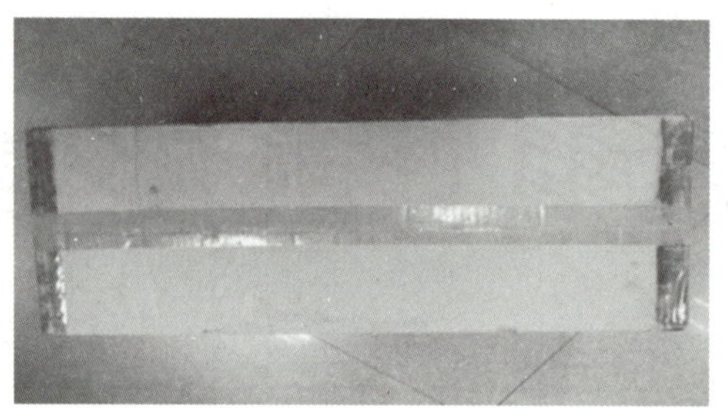

图 3-29　打包封箱

第 4 步：贴快递单。

5. 包裹称重和交接

（1）包裹称重。

第 1 步：包裹称重，如图 3-30 所示。

图 3-30　包裹称重

第 2 步：确认包裹重量。

（2）货物交接。

第 1 步：联系快递公司。

第 2 步：等待取件。

第 3 步：当面清点交接，如图 3-31 所示。

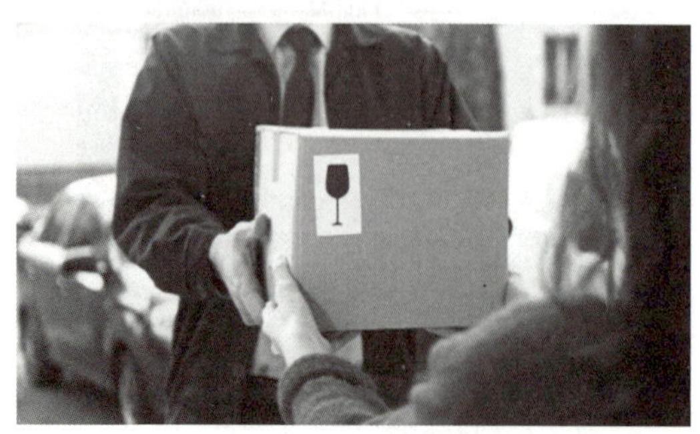

图 3-31　当面清点交接

第 4 步：上报快递单号。

6. 填写单据

第 1 步：接收发货通知单。

第 2 步：填写出库单，如表 3-3 所示。

表 3-3 出库单

出库单号	QX54211245				发货通知单号	QX07192014	
收货客户	××				发货日期	20××-07-19	
收货地址	广东省湛江市霞山区天霞路			收货人	××	收货人电话	××××
货品编号	货物名称	包装/件	单位	计划数量	实际数量	收货人签收数量	备注
501864	陈皮	6	箱	1	1		
仓管员	罗莉	制单人	罗莉		收货人		

第 3 步：填写拣货单，如表 3-4 所示。

表 3-4 拣货单

货主名称	××			出库单号			QX54211245		
仓库编号	1 号仓库			制单日期			20××.7.18		
货品明细									
序号	库区	储位	货品编号	货品名称	包装	单位	应拣数量	实拣数量	备注
1	食品	C3281461	501864	陈皮	6 件/箱	箱	1	1	
制单人	罗莉			拣货人	罗莉				

第 4 步：根据销售订单填制快递单，如图 3-32 所示。

EMS 全球邮政特快专递 WORLDWIDE EXPRESS MAIL SERVICE

1 0 0 0 0 0 0 0 0 1 X 0 0

国内标准快递

客服电话：11183

网站：www.ems.com.cn

寄件人：罗小姐　电话/手机：02084678155

公司名称：惠多有限公司　客户代码：

地址：广东省珠海市金湾区新路物流园 13 号惠多仓

客户单号：　邮编：5 1 9 0 9 0

收件人：李小花　电话/手机：15920803044

公司名称：　客户代码：

地址：广东省广州市越秀区中心路 30 号 201 室

寄达城市：广州市　邮编：5 1 0 0 0 0

总件数	实际重量	计费重量	总体积
3	1	1	30X20X20

内件品名：糖果

□信函　□文件资料　☑物品

保价：□是　☑否　声明价值：万 仟 佰 拾 元（¥ 元）

请用力填写！

□妥投短信　□实物返单

□电子返单　□其它：

□代收货款：　元

万 仟 佰 拾 元

邮费：　元　保价费：　元

封装费：　元　其他费用：　元

费用合计：　元

投递应收寄递费：　元

□寄件人付　□收件人付

□刷卡　☑月结

□第三方付费　□现金

收寄人员：　投递人员：

请仔细阅读背面契约条款！承运人已尽说明义务，您的签名意味着您理解并同意接受条款的一切内容。

签名：罗莉

年　月　日 17 时

签名：

证件号码：

年　月　日　时

备注：

10 00000001 X 00

图 3-32 填制快递单

课堂练习

1. AGV机器人的常见引导方式不包括以下哪种？（　　）

A. 磁条引导　　B. 激光引导　　C. 视觉引导　　D. 惯性导航

2. 苏宁共享快递盒的特点不包括以下哪项？（　　）

A. 采用环保高科技材料　　B. 重量轻，无毒无害

C. 可100%回收再循环　　D. 生产过程中会排放少量有毒气体

3. 苏宁开放物流在顾客下单成功后，会以（　　）对商品进行分拣、包装。

A. 人工　　B. 半自动化机械设备

C. 全自动化的机械设备　　D. 传统工具

知识小结

1. 网店＋实体连锁店物流模式的含义。
2. 网店＋实体连锁店物流模式的优势和局限。
3. 网店＋实体连锁店物流模式的运作方式。

练习提升

一、单选题

1. 网店＋实体连锁店物流模式充分利用（　　）完善的物流配送体系并结合电子商店新型网上销售方式，以达到消费者、实体连锁店和网店“三赢”的目的。

A. 实体连锁店　　B. 网店

C. 实体连锁店＋网店　　D. 物流

2. 下列哪项不是网店＋实体连锁店物流模式出现的原因？（　　）

A. 消费习惯的改变　　B. 消费者生活方式的改变

C. 物流资源的优化　　D. 仓库融合

3. 下列哪项不是网店＋实体连锁店物流模式的优势？（　　）

A. 仓库融合　　B. 门店融合

C. 服务方式融合　　D. 价格融合

4. 苏宁实现了线上苏宁易购销售平台和线下实体连锁店销售体系订单信息的（　　）。

A. 不兼容　　B. 汇总　　C. 吞并　　D. 排斥

5. 网店＋实体连锁店物流系统在信息方面得以顺畅交换，依赖于（　　）、商品条码化管理等先进物流信息技术的运用。

A. WMS　　B. RED　　C. SOP　　D. AGV

6. AGV机器人搬运货架实现了（　　）拣选。

A. 货到人　　B. 人到货　　C. 人货合一　　D. 自动

7. 无人机可以更好地解决配送中的最后（　　）问题。

A. 一公里　　B. 两公里　　C. 三公里　　D. 四公里

8.（　　）有助于实现绿色物流。

A. AGV 机器人　　B. SOP 技术　　C. 共享快递盒　　D. 无人生态系统

9. 苏宁云台是一种（　　）物流，可以实现各方面的资源共享，从而创造出更多的物流效应。

A. 封闭　　B. 开放

C. 半封闭半开放　　D. 全封闭

10. 仓储管理也逐渐进入了（　　）生态系统时代，最大限度地减少了人工操作中的低效率问题。

A. 无人　　B. 有人　　C. 绿色　　D. 集中

二、判断题

1. 网店+实体连锁店物流模式使苏宁的物流进行了重新的组合并购，从而实现了大件商品和小件商品同车同线配送。（　　）

2. 苏宁易购实际上是一种“网店+实体店”的模式，网上的营销必须依附其线下的连锁经营来实现，由于苏宁易购面对的是来自全国各地的客户，因此配送中心模式应为其最佳物流模式。（　　）

3. 网店+实体连锁店物流模式并不需要借助第三方物流配送。（　　）

4. 物流无人机适合城市配送网络比较完善的发达城市，这样会更节约物流成本。（　　）

5. 苏宁新版共享快递盒，为解决包装行业痛点交上了一份堪称颠覆性的答卷。（　　）

知识拓展

生鲜电商模式

目前，我国的生鲜电商已形成 O2O 模式、前置仓模式、到店+到家模式、社区团购模式、周期购模式等多种模式。其中，综合类的生鲜电商平台主要有天猫生鲜、京东生鲜、本来生活等；主打 O2O 模式的有京东到家、美团闪购等；采用前置仓模式的有叮咚买菜、朴朴超市等；采用到店+到家模式（店仓一体化）的有盒马鲜生等；采用社区团购模式的有海宝买菜、兴盛优选、多多买菜等；而 B 端生鲜电商主要包括美菜网、宋小菜、链菜、飞熊领鲜等。

采用店仓一体化的生鲜电商企业，其业务模式为“到店消费+线上购物+即时配送”，主要提供线上线下一体化消费体验，主要布局在一、二线城市，客户定位为高端，以店仓一体+自有/外包配送模式服务于周边 1～3 公里，以配送到家模式进行配送。仓库 SKU 数在 5 000～8 000 个，配送时长基本为 0.5～1 小时。

采用前置仓的业务模式为“线上购物+即时配送”，通过在离客户最近的地方布局集仓储、分拣、配送于一体的仓储店，缩短配送链条，降低配送成本；主要布局在一、二线城市，客户定位为中高端，以中心仓+社区前置仓+自有/外包配送服务周边 1～3 公里的用户，仓库 SKU 数大多在 4 000 个以上，配送时长为 0.5～1 小时。

现有模式各有优劣，即便是近年备受资本青睐的社区团购、前置仓模式，也存在着不可忽视的短板。如，前置仓模式一度被认为是解决生鲜电商“最后一公里”的最佳模式，通过在社区附近建立仓库，可以离客户更近，并降低冷链物流成本，提高生鲜配送速度，其便利性和效率性受到业界推崇。

相较于前置仓的重资产模式，社区团购模式的主要特点为轻资产、重运营，其具体形式表现为平台无自有品牌、配送外包、网格仓采取加盟模式，通过集中订单、统一配送的方式，可有效降低物流成本、提升服务效率，从而成为生鲜电商的一股重要力量。然而，在社区团购的消费习惯远不够深入的情况下，如何盈利同样是影响行业发展的关键问题。此外，商品质量控制、配送服务、售后服务等也面临一系列需要完善与解决的问题，如在线上下单、线下配送的过程中，可能会出现配送延迟、商品破损等问题，影响消费者的购物体验。为顺应监管、市场环境和自身发展战略要求，各社区团购平台纷纷作出调整，2023 年社区团购“烧钱”扩张的消息不再传出，取而代之的是撤城与转型，如兴盛优选撤出广东，美团买菜、美团优选扩张全品类。

总体来看，生鲜电商具有高投入、高成本、高耗损、低毛利等特点，其业务模式和供应链模式都有待升级，今后需要重视智能化、多样化、个性化等方面建设，如借助先进的大数据分析和人工智能技术，实现采购、库存管理、物流配送等环节的智能化，提高运营效率；提供多样化产品，满足不同消费者的需求，根据消费者需求提供定时送货、自提服务等个性化服务，提高消费者满意度；在物流配送方面采用全程冷链运输，确保产品新鲜安全，同时严格控制温度和湿度等条件，保证产品质量。

资料来源：林振强．生鲜电商直面新变化，供应链模式有待升级．物流技术与应用，2024（5）.

物流联盟模式

学习背景

菜鸟网络科技有限公司成立于2013年5月28日，是由阿里巴巴集团、银泰集团联合复星集团、富春集团、申通集团、圆通集团、中通集团、韵达集团等共同组建的物流联盟。

菜鸟的愿景是建设一个数据驱动、社会化协同的物流及供应链平台。它是基于互联网思考、互联网技术和对未来的判断而建立的创新型互联网科技企业。它致力于提供物流企业、电商企业无法实现，但是未来社会化物流体系必定需要的服务，即在现有物流业态的基础上，建立一个开放、共享、社会化的物流基础设施平台，一个基于电商平台的物流联盟，在未来中国任何一个地区可实现24小时内送货必达。

为此，菜鸟网络计划分三期建设，首期投资人民币1 000亿元，希望在5～8年的时间内，努力打造遍布全国的开放式、社会化物流基础设施，建立一张能支撑日均300亿元（年度约10万亿元）网络零售额的“中国智能物流骨干网”，帮助所有的企业货达天下，同时支持1 000万家新型企业发展，创造1 000万个就业岗位。

“中国智能物流骨干网”不仅是电子商务的基础设施，更是中国未来商业的基础设施。中国智能物流骨干网将应用物联网、云计算、网络金融等新技术，为各类B2B、B2C和C2C企业提供开放的服务平台，并联合网上信用体系、网上支付体系共同打造中国未来商业的三大基础设施。物流一直被认为是电子商务“三流”（信息流、资金流、物流）中最难攻克的障碍。高速发展的电子商务所代表的中国新经济，亟须构建规模更大、效率更高、网络更完善、服务更优质的社会化物流基础设施平台。

秉承和发扬开放、透明的互联网文化，菜鸟网络将通过开放的平台，与合作伙伴建立共赢的体系，服务整个电商生态圈内的所有企业，支持物流行业向高附加值领域发展和升级，最终推动建立社会化资源高效协同机制，提升中国社会化物流服务品质。菜鸟网络股权结构及各出资方功能如图4-1所示。

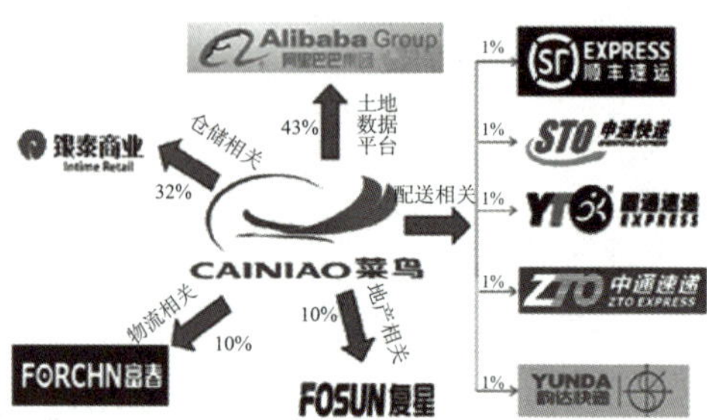

图 4-1　菜鸟网络股权结构及各出资方功能

学习目标

● 知识目标

1. 掌握物流联盟模式的含义；
2. 掌握物流联盟的基本组织结构；
3. 掌握物流联盟的运作模式及盈利模式；
4. 掌握物流联盟实战中使用的新技术；
5. 了解菜鸟物流。

● 技能目标

1. 学会物流联盟的实际运作流程；
2. 掌握物流联盟模式使用的物流技术；
3. 掌握菜鸟联盟的国内快递服务；
4. 掌握菜鸟网络的跨境物流。

● 素养目标

1. 进行职业定位，养成职业素养；
2. 树立爱岗敬业、吃苦耐劳的劳动精神。

学习任务

任务一　初识物流联盟

任务描述

小吴初入菜鸟物流公司上班，对菜鸟物流还比较陌生，想弄懂它是怎样的一种物流形式，以便以后更好地工作。

任务目标

1. 了解物流联盟的含义；
2. 理解物流联盟产生的原因；
3. 掌握物流联盟的基本组织结构。

任务实施

一、物流联盟的含义

联盟是介于独立的企业与市场交易关系之间的一种组织形态，是企业间由于自身某些方面发展的需要而形成的相对稳定的、长期的契约关系。物流联盟又称为第四方物流，是以物流为合作基础的企业战略联盟，它是指两个或多个企业之间，为了实现自己的物流战略目标，通过各种协议、契约而结成的优势互补、风险共担、利益共享的松散型网络组织。在现代物流中，组建物流联盟，作为企业物流战略的决策之一，其重要性是不言而喻的。我国物流水平还处于初级阶段，组建联盟便显得尤为重要。图 4-2、图 4-3 所示分别为中国冷链物流联盟和菜鸟联盟的标志。

图 4-2　中国冷链物流联盟的标志

图 4-3　菜鸟联盟的标志

二、物流联盟产生的原因

（一）利益是物流联盟产生的最根本原因

企业之间有共享的利益是物流联盟产生的基础。物流市场及其利润空间是巨大的。

在西方发达国家，物流成本占 GDP 的 10%左右，而我国占 15%～20%，如此巨大的市场与我国物流产业较低的效率形成了鲜明的对比，生产运输企业通过物流或供应链的方式形成联盟有利于提高企业的物流效率，实现物流效益的最大化。

（二）中小企业为了提高物流服务水平，通过联盟方式解决自身能力的不足

近年来随着人们消费水平的提高，零售业得到了迅猛的发展，这给物流业带来发展机遇的同时，也带来了新的挑战。因物流发展水平的落后，如物流设备、技术落后，资金不足，按行政条块划分物流区域等，很多企业尤其是中小企业不能很快适应新的需求，于是通过联盟的方式来解决这个矛盾。

（三）第四方物流的整合作用催生联盟的方式

以第四方物流为中心，对提供物流服务的各个机构尤其是第三方物流公司进行整合，能大大提高其服务能力和服务质量，解决单独靠一家企业或第三方物流机构不能解决的问题，因此产生新的联盟方式。第四方物流的运作模式如图 4－4 所示。

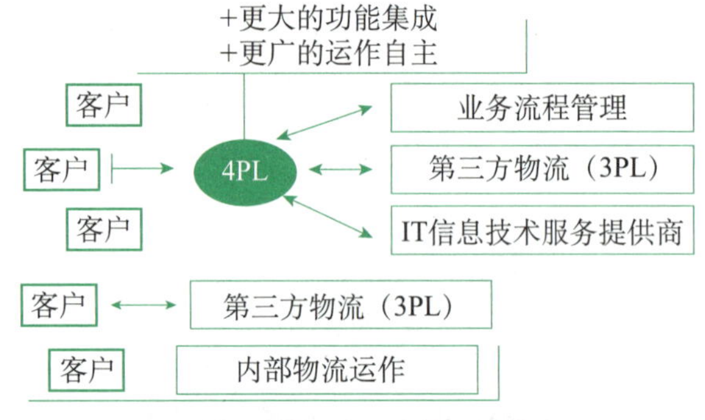

图 4－4　第四方物流的运作模式

（四）互联网技术的广泛应用使跨地区的物流企业联盟成为可能

信息高速公路的建成，使得异地物流企业利用网络也可以实现信息资源共享，为物流企业联盟提供了有利的条件。图 4－5 所示为中国电子商务物流企业联盟的标志。

图 4－5　中国电子商务物流企业联盟的标志

（五）我国物流企业面临跨国物流公司的竞争压力，通过物流联盟形式来应对

中国加入 WTO 后，给国外的投资商带来了无限的商机，而具有巨大潜力的物流业当然也成了一块“肥肉”，世界物流巨头纷纷进军中国的物流业。面对如此强劲的竞争对

手，我国的物流企业只有结成联盟，通过各个行业和从事各环节业务的企业之间的联合，实现物流供应链全过程的有机融合，通过多家企业的共同努力来应对国外大型物流企业的竞争，形成一股强大的力量，共进退、同荣辱，才有可能立于不败之地。

（六）大型企业为了增强其核心竞争力，通过物流联盟方式把物流业务做大做强，为用户提供更优质的服务

以菜鸟物流为例，菜鸟网络专注打造的中国智能物流骨干网通过自建、共建、合作、改造等多种模式，在全国范围内形成一套开放的社会化仓储设施网络。同时利用先进的互联网技术，建立开放、透明、共享的数据应用平台，为电子商务企业、物流公司、仓储企业、第三方物流服务商、供应链服务商等各类企业提供优质服务，支持物流行业向高附加值领域发展和升级。最终推动建立社会化资源高效协同机制，提升中国社会化物流服务品质。菜鸟通过打造智能物流骨干网，对生产流通的数据进行整合运作，实现信息的高速流转，而生产资料、货物则尽量减少流动，以提升效率。有人认为这种运作模式将颠覆传统物流模式。图 4－6 所示为菜鸟网络打造的电商物流结合流程。

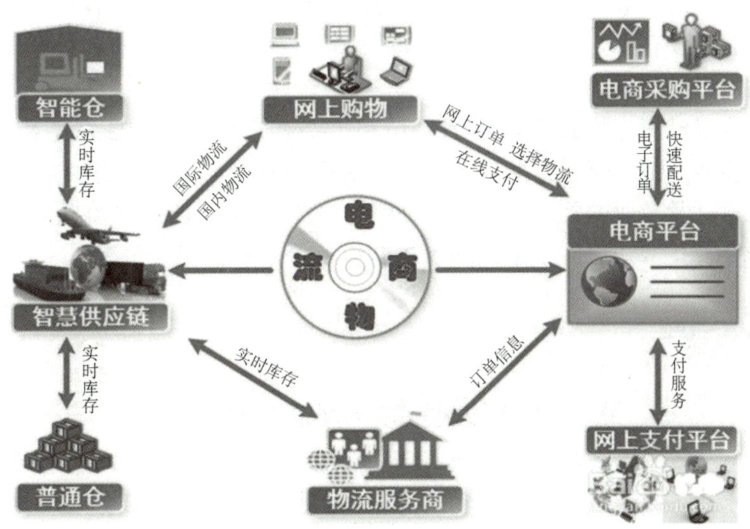

图 4－6 菜鸟网络打造的电商物流结合流程

三、物流联盟的基本组织结构

物流联盟组织成员可多可少，主要有如下几类。

（一）第三方物流服务商

第三方物流服务商是为企业提供专业物流服务的机构。它通常拥有一定的服务设施、服务专业知识和经验，既可以是提供采购、储存、运输、装卸和配送等综合多样化服务的企业，也可以是从事物流某一方面业务的企业。它是物流联盟在物流实体操作方面的主要承担者，但第三方物流服务商缺乏对整个供应链管理进行运作的战略性专长和整合

供应链的相关技术。

（二）物流管理咨询公司

物流管理咨询公司是从事物流管理服务的咨询机构，它虽然没有具体的物流设施，但拥有高素质的物流管理人才和丰富的管理经验，了解和掌握着物流的信息，主要从事物流评审、物流规划、物流顾问、系统实施及物流培训等方面的业务，善于帮助企业做出科学的规划和管理，提高收益和竞争力。它在物流联盟中起着“智囊”的作用。

（三）客户

参加物流联盟的客户数量可以是一个，也可以是若干个，可以是同行业的，也可以是不同行业的，根据其规模和实力的不同可分为主要客户和一般客户。主要客户与物流联盟组织保持着长期的、稳定的业务关系，除了共同的出资，通常也把它的整个物流和采购管理，包括资产、物流管理人员以及经营人员转让给物流联盟组织。作为出资的回报，物流联盟组织负责管理和经营主要客户的整个供应链。一般客户和主要客户的主要区别有两方面：一是一般客户的规模和对物流联盟的出资不及主要客户；二是一般客户和物流联盟的关系没有主要客户和物流联盟的关系那么稳定、紧密和长期，通常情况下只享受物流联盟提供的服务。

第三方物流服务商、物流管理咨询公司和主要客户构成了物流联盟组织的核心层，形成了整合功能型的组织模式。此外，组织成员中还有其他增值服务商，主要是一些 IT 信息服务提供者以及专业的经营、包装、加工、配送等服务商。物流联盟的组建方式主要是合资（资金、技术知识、基础设施、机器设备等）和长期承包等。

知识加油站

联盟物流管理模式的物流企业有哪些？

随着互联网和信息技术的腾飞发展，物流企业也在不断探索新的管理模式。目前，联盟物流管理模式已经成为一种比较成熟的方式，涉及的企业种类繁多。

一、快递类物流企业

快递公司是联盟物流管理模式中的重要一员。例如，顺丰联合其他物流企业成立“速配送”联盟，主要面向个人、商家和电商平台提供覆盖全国的快递配送服务。此外，邮政、中通、申通、圆通等企业也在快递联盟方面进行探索和实践。

二、家电类物流企业

家电企业也在探索联盟物流管理模式。苏宁联合绿宝通成立了“易家联盟”，通过整合资源、优化供应链、提高效率，为消费者提供更高效、更优质的家电服务。这样的模式有效节省了物流成本，提高了客户满意度。

三、医药类物流企业

医药企业的物流需求非常特殊，因此医药物流联盟的建立也具有重要意义。例如，2019 年“医药联盟”项目启动，由联邦快递（FedEx）倡导，旨在将全球领先的制药企业和物流企业聚集在一起，共同推动医药物流行业的发展。

四、运输类物流企业

运输类物流企业也能够通过联盟模式实现资源整合、服务升级等目标。例如，2024年福建港口集团、南昌铁路局集团公司和中铁快运股份有限公司共同发起成立福建东南多式联运有限公司，合作企业之间共享运输资源、优化仓储布局、提升服务品质，为区域内企业提供更高效、更优质的物流服务。

以上仅是联盟物流管理模式中部分涉及的物流企业，越来越多的企业会选择联合起来，共同发掘联盟物流的发展潜力。

课堂练习

1. 物流联盟又被称为（　　）。

A. 第一方物流　　B. 第二方物流　　C. 第三方物流　　D. 第四方物流

2. 我国物流成本占 GDP 的比例是多少？（　　）

A. 10%左右　　B. 15%～20%　　C. 20%～25%　　D. 25%～30%

3. 在物流联盟中，起着“智囊”作用的是（　　）。

A. 第三方物流服务商　　B. 物流管理咨询公司

C. 客户　　D. 其他增值服务商

4. 物流联盟组织的核心层不包括（　　）。

A. 优秀的第三方物流服务商　　B. 物流管理咨询公司

C. 一般客户　　D. 主要客户

5. 物流联盟的组建方式不包括以下哪种？（　　）

A. 合资　　B. 短期租赁

C. 长期承包　　D. 资金合资

任务二 物流联盟的运作模式及盈利模式

任务描述

小吴经过学习请教，已经基本了解了菜鸟物流的组织形式，但他还不清楚菜鸟物流到底是怎么运作的以及是怎么盈利的。带着这些疑问，小吴开始了新的学习。

任务目标

1. 掌握物流联盟的运作模式；
2. 掌握物流联盟的盈利模式。

任务实施

一、物流联盟的运作模式

物流联盟又称第四方物流（4PL），第四方物流组织有较大的柔性，根据成员组织的约定和目标，它能够适应不同的组织，反过来也能够被行业结构和行为所塑造，形成灵活的运作模式。第四方物流主要有以下几种运作模式。

（一）协同运作型

协同运作型是指由第四方物流为第三方物流提供其缺少的资源，如信息技术、管理技术，制定供应链策略和战略规划方案等，并与第三方物流共同开发市场，而具体的物流业务实施则由第三方物流在第四方物流的指导下来完成的物流运作模式。第四方物流和第三方物流之间的关系一般是商业合同的方式或者战略联盟的合作方式。

在这种模式中，第四方物流为实力雄厚的第三方物流服务商提供供应链战略方案、技术、专门项目管理等补充功能，并主要通过第三方物流为多个客户提供全面物流服务，其特点是兼具雄厚的物流配送实力和最优的解决方案，业务范围多集中在物流配送管理方面，针对性强、灵活性大。如中远货运公司依托中远集运，在美国西海岸至上海之间为通用公司提供汽车零配件的集装箱陆运、海运、仓储、配送等一条龙服务。该模式的运作流程如图 4－7 所示。

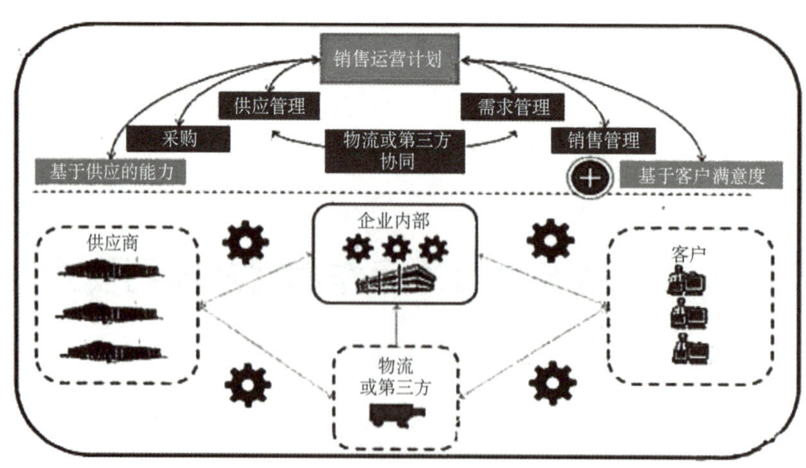

图 4－7　协同运作型的运作流程

（二）方案集成型

方案集成型是指由第四方物流为客户提供运作和管理整个供应链的解决方案，并利用其成员的资源、能力和技术进行整合和管理，为客户提供全面的、集成的供应链管理服务的物流运作模式。在这种方式中，通常由第四方物流和客户成立合资或合伙公司，客户在公司中占主要份额，第四方物流作为一个联盟的领导者和枢纽，集成多个服务供应商的资源，重点为一个主要客户服务。这种模式的运作一般是在同一行业范围内，供应商和加工制造商等成员处于供应链的上下游和相关的业务范围内，彼此间专业熟悉、业务联系紧密，有一定的依赖性。第四方物流服务以主要客户为龙头，带动其他成员企业的发展。采取该模式的好处是服务对象及范围明确集中，客户的商业和技术秘密比较安全。第四方物流与客户的关系稳定、紧密，而且具有长期性，但重要的前提条件是客户的业务量要足够大，使参与的服务商对所得到的收益较为满意。该模式的运作流程如图 4－8 所示。

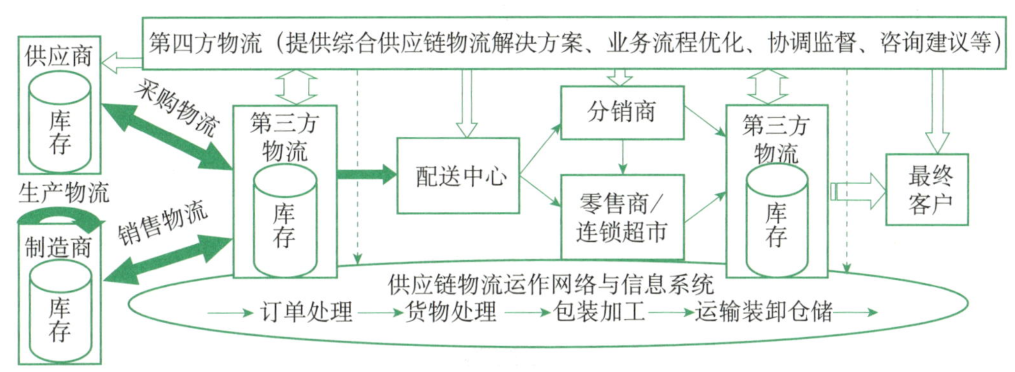

图 4－8 方案集成型的运作流程

（三）行业创新型

第四方物流在各个提供资源、技术和能力的服务商的协助下，为多个行业的客户提供供应链解决方案。它以整合供应链的职能为重点，以各个行业的特殊性为依据，领导整个行业供应链实现创新，给整个行业带来改革和最大利益。

行业创新型是指以第四方物流为主导，联合第三方物流公司等其他服务商，提供运输、仓储、配送、快递等全方位的高端服务，给多个行业客户制定供应链解决方案的物流运作模式。如菜鸟物流网络公司是由多家公司组建的大型物流联盟，服务上下游企业，大大提高了物流效率，实现了中国物流业速度的大提升。该网络的运作流程如图 4－9 所示。

（四）动态联盟型

动态联盟是一些相对独立的服务商（如第三方物流、咨询机构、供应商、制造商、分销商等）和客户通过信息技术相连接，在某个时期内结成的由市场机会所驱动的供应链管理联盟。它的组成与解散主要取决于市场机会的存在与消失，以及企业可利用价值的大小。这些企业在设计、供应、制造、分销等领域分别为该联盟贡献出自己的核心能力，以实现利润共享和风险分担。它们除具有一般企业的特征外，还具有基于公共网络环境的全球伙伴关系及企业合作特征，面向经营过程优化的组织特征，可再构、重组与可变的敏捷特征等，能以最快速度完成联盟的组织与建立，优势集成，抓住机遇，响应市场，从而赢得竞争。图 4－10 所示为动态联盟型第四方物流实例。

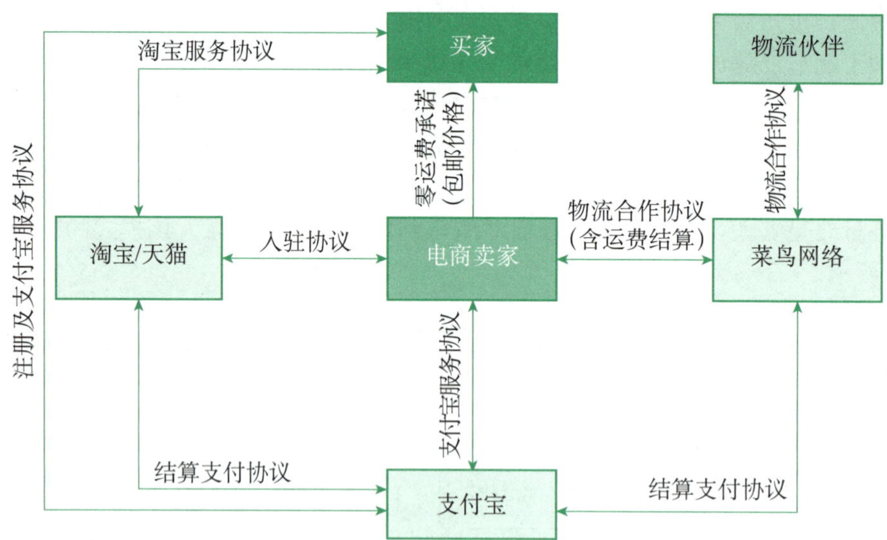

图 4-9　菜鸟物流网络的运作流程

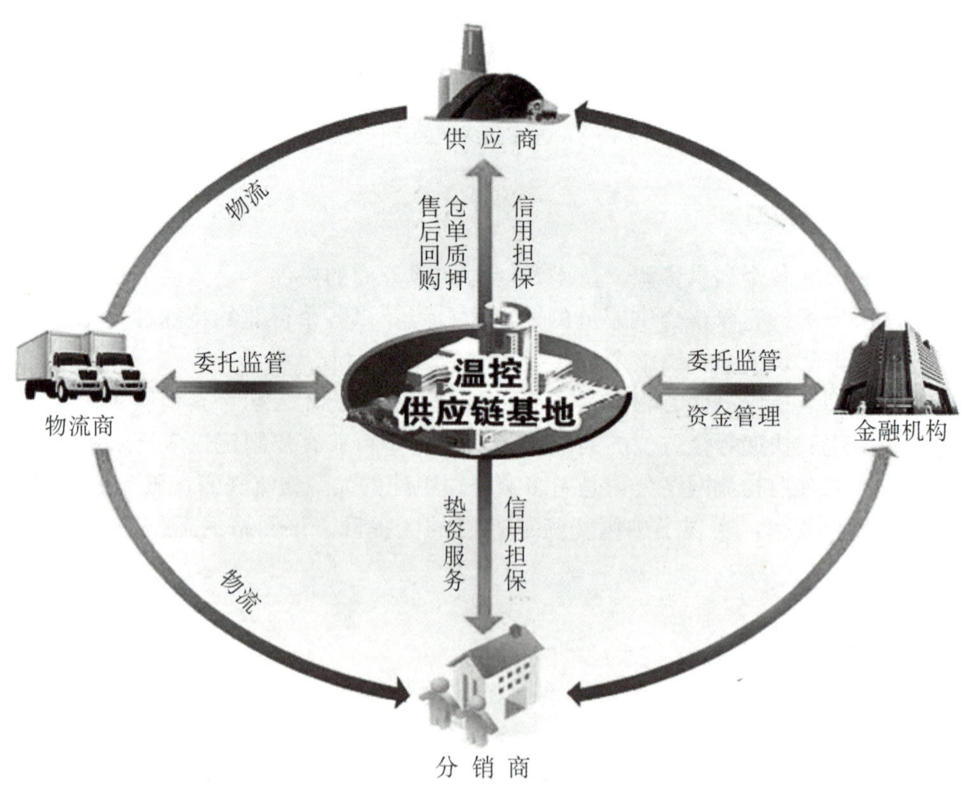

图 4-10　动态联盟型第四方物流实例

二、物流联盟的盈利模式

第四方物流价值创造的理论基础主要源于业务外包的兴起和企业优化其价值链的需

要。业务外包是指通过委托-代理契约将企业内部的某项职能或某项任务分包给其他企业或组织来完成。业务外包的好处如图 4-11 所示。

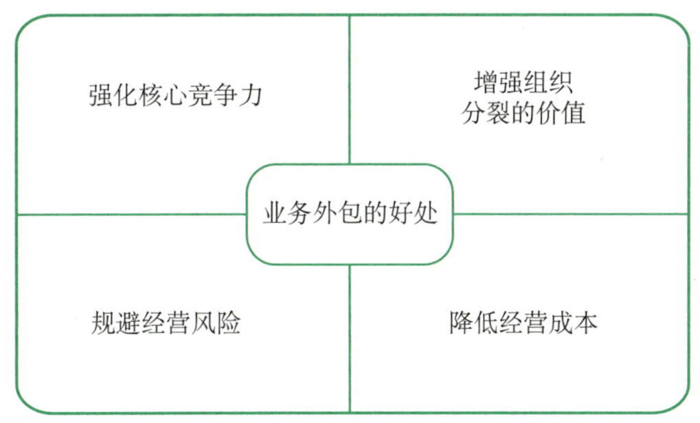

图 4-11　业务外包的好处

业务外包引入第三方物流，进而产生第四方物流。第四方物流为客户管理和运作综合供应链提供解决方案。解决方案将整合第四方物流，补充服务提供者的资源、能力、技术，实现客户供应链各个组成部分的价值传递。在电子商务企业运作中，物流联盟可以使企业进一步专注于自己的核心业务，加快到货速度，提高到货质量，增强企业的竞争力，在不断变化的市场中取得有利地位。

供应链管理的需求推动了第四方物流的产生，而第四方物流还处在初步发展阶段，许多公司尚不具备专业性和经验。第四方物流应具备的条件如图 4-12 所示。

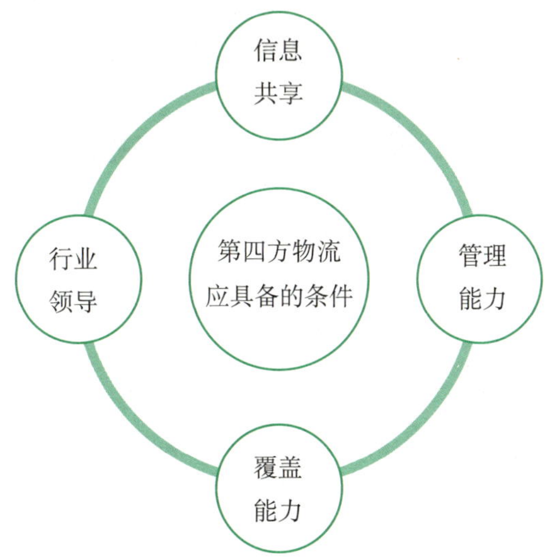

图 4-12　第四方物流应具备的条件

从第四方物流应具备的条件来看，其盈利模式有以下几种。

（一）信息共享平台模式

从根源上讲，导致第三方物流企业资源利用率低和盈利能力低的原因在于物流业务的需求方和供给方的信息不对称。面对庞大的物流市场、海量的物流信息，托运方只能在有限的范围、有限的时间内选择适合自己托运条件的物流企业，议定满意的物流价格，亦即托运方有一条客观存在的交易预算线，只能在这条预算线范围内寻找最满意的承运方；而承运方一旦运力和谈判能力欠缺，就容易在市场中迷失方向，甚至失去发展机会乃至生存空间。由于信息的不对称，对社会资源造成的浪费十分明显。为减少这种浪费，需要提供一个平台，这个平台收集全国范围内或者区域范围内的物流信息，并向能够进入平台的用户分享该信息，使供需双方的业务量在这个平台上显示出来，根据同类业务供需情况，采取“举手表决”的方式决定合同价格。从这点上，第四方物流可以找到自己的盈利点，形成自己的核心竞争力，创造价值，而这个价值是平台建立之前供需双方交易成本的一部分，这个价值远低于供需双方独自寻求合作方时所付出的成本。这是第四方物流萌芽阶段的主要盈利模式。

图 4－13、图 4－14 分别为物流信息服务平台和电商物流服务平台示意图。

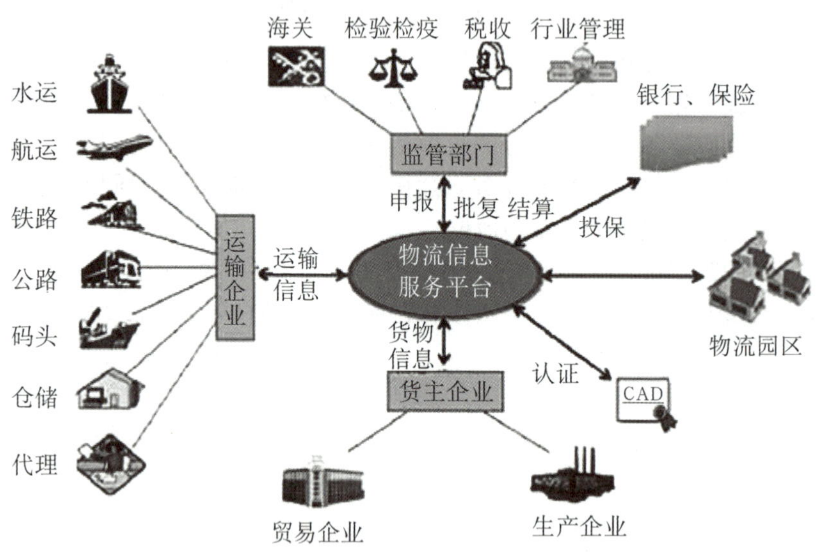

图 4－13　物流信息服务平台示意图

（二）增值服务模式

当第四方物流企业建立起全国范围或区域范围内的信息共享平台，且在该地区大部分的物流供需方都在运用信息共享平台，第四方物流的基本盈利点已经稳固且成熟时，应开拓新的盈利模式。这是因为，在区域范围内长期运用信息共享平台的物流供需方必然形成路径依赖，即长时间与某一家或几家公司签订物流合同；或者在多次使用信息共享平台签约于不同公司后复制到自己存在和潜在的大部分合作方。这时，第四方物流企业的信息共享平台的生命周期正在趋于老化，迫切需要注入新鲜血液来使信息共享平台的生命周期得以延长。第四方物流企业应在信息服务平台的基础上向客户提供增值服务，比如为客户分析库存、规划运输路线并选择合适的储存地点等，运用其 IT 能力保证客户能够及时了解其委托订单的履行状况，使整个物流过程更透明化。物流增值服务的类型如图 4－15 所示。

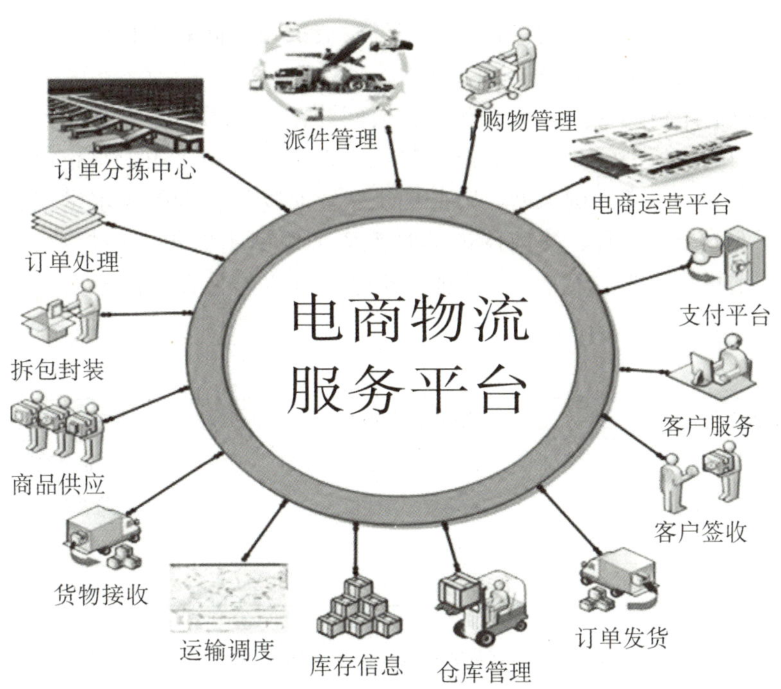

图 4-14 电商物流服务平台示意图

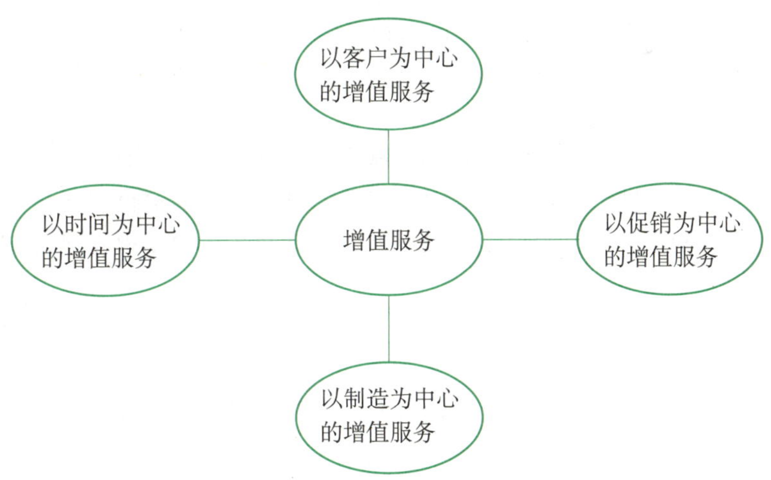

图 4-15 物流增值服务的类型

（三）物流咨询模式

在第四方物流为物流供需双方提供增值服务，并从中获取到大量经验后，第四方物流企业可以将自身的经验作为知识资本来获取利润。从需求对象上看，企业和政府是主要的物流咨询需求方。

（1）企业。现代物流链的发展对第三方物流企业的服务质量要求越来越严格，不仅要求更准确的运输与配送时间，还要求更具弹性的物流服务，以及更动态的货物运输信息（跟踪与监控）。例如，上海艾尔特咨询公司为中原油田运输处规划面向社会的第三方及第四方物流企业发展方案，确定其外部市场发展战略，同时优化内部组织经营管理结构，大大降低了运输成本，提高了服务质量。

大型企业倾向于依靠自身力量来解决物流问题，在集团内建立物流咨询公司或者在公司内建立专门的物流部门，如青岛海尔物流咨询有限公司。而中小企业由于自身实力不够，倾向于向外部咨询机构求助，因此中小企业对物流咨询的需求呈现急剧上升的趋势。从咨询行业的分布来看，当前国内的物流咨询服务主要集中在烟草、医药、汽车、零售、粮食、钢材等行业。表 4－1 罗列了各种类型的企业所进行的相对应的物流咨询项目。

表 4－1　企业物流咨询项目

制造型企业	流通型企业	第三方物流企业
生产流程改造	配送中心规划	物流市场分析
库存整改方案	配送路线优化	发展战略咨询
回收物流整改方案	物流信息系统	物流信息系统
物流信息系统	仓储设备选型	供应链协同服务

（2）政府。进入 21 世纪，我国许多地方政府对现代物流发展予以高度重视，并将其作为提升城市（地区）竞争力的重大举措来抓，提出了现代物流发展目标。中国物流与采购联合会公布的调查表明，在我国各地区地方政府的经济社会发展规划中，大多数地区把发展现代物流放在重要的地位，全国有相当多省（自治区、直辖市）、中心城市已经制定了物流发展规划。而政府出台的物流规划绝大部分都是依靠科研院所、行业协会或者专业的物流咨询机构来完成的。

政府的物流咨询主要集中在经济发达的城市，北京、上海、深圳等都相继完成了物流发展规划研究，中小城市的物流规划也逐步开始进行。咨询项目主要集中于对本市物流行业现状的摸底调查、城市的物流发展规划、物流园区和物流中心建设规划以及发展模式研究。

（四）供应链集成商模式

通过为企业的各项物流业务提供咨询服务，第四方物流企业可以建立起自身的关系网络，对上下游企业业务进行整合，实现供应链集成。供应链集成是为满足顾客需要，充分利用信息技术，通过对供应链中各企业的综合运作，对供应链中的物流、资金流、信息流及贸易伙伴关系等进行合理的计划、组织、协调与控制，从而达到供应链系统整体最优的一种管理方法。它要求各节点企业围绕物流、信息流、资金流进行信息共享与经营协调，实现柔性的、稳定的供需关系，涉及供应、生产计划、物流、需求四个领域，以同步化、集成化生产计划为指导，运用现代信息技术（如条码扫描技术、POS 系统、电子数据交换技术、Internet 技术、数据仓库技术、数据挖掘技术等），以达到供应链的整体最优，参与供应链管理的各个企业共享信息、共担风险，是具有共同利益的贸易伙伴关系。

供应链管理是一种基于“竞争-合作-协调”、以分布企业集成和分布作业协调为保障的新的企业运作模式。它强调通过供应链企业间的合作和协调，建立战略伙伴关系，将企业内部的供应链与外部的供应链有机地集成起来进行管理，达到全局动态最优的目标，最终实现“多赢”的目的。供应链管理的范畴如图 4－16 所示。

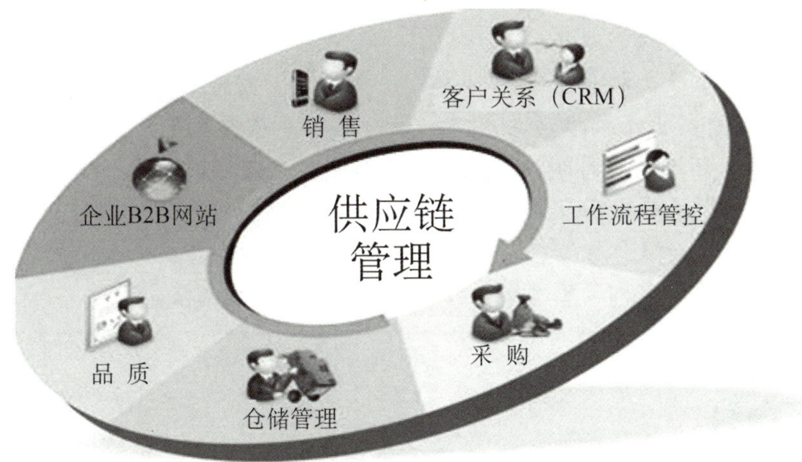

图 4－16 供应链管理的范畴

素养园地

共建“一带一路”物流大通道“鲁疆班列”（上合示范区—新疆三坪）首班开行

2022 年 9 月 5 日，满载着轮胎、机械设备、布料、日用品等货物，共计 100 个标准箱的“鲁疆班列”从上合示范区多式联运中心发出，4 天左右抵达新疆乌鲁木齐三坪站，货物经过整装、集散，再搭乘中欧班列经霍尔果斯口岸出境，最终运抵哈萨克斯坦、乌兹别克斯坦、吉尔吉斯斯坦等上合组织国家。这是上合示范区创新“铁铁联运”模式，依托新疆得天独厚地理优势，多渠道拓展国际物流通道的最新成果。

新疆地处亚欧大陆腹地，与周边 8 个国家接壤，是古丝绸之路的重要通道，是中国向西开放的重要门户和丝绸之路经济带核心区。2022 年以来，上合示范区持续深化与新疆在物流通道建设等领域的合作。6 月，上合示范区与新疆生产建设兵团第十二师、山东高速（600350）物流集团有限公司三方签署战略合作协议，共同建设山东高速新疆国际物流产业园暨上合经贸示范区新疆分园项目，打造中欧班列（齐鲁号）新疆集结中心，加强上合示范区面向欧洲、中亚方向的班列集结组织、国际多式联运、交易集散和商贸流通等方面合作。此次“鲁疆班列”的开行，标志着上合示范区与上合经贸示范区新疆分园实现班列互联互通，进一步强化两地物流合作，促进“一区两园”间产业合作。此外，货物在三坪站进行集散，能够提高通关效率，为上合示范区加快建设“东西双向互济，陆海内外联动”的对外开放格局提供有力支撑。

上合示范区以“海陆空铁邮”五港联动国际超级港为主阵地，持续拓展国际物流合作，加快推进物流大通道建设。2022 年 1—8 月，中欧班列（齐鲁号）延续强劲发展势头，累计发运 523 列，同比增长 46.1%。

上合示范区管委会相关负责人表示，示范区将充分发挥中欧班列（齐鲁号）的货源组织与平台运营优势，不断深化“一区两园”合作模式，与新疆在共建“一带一路”物流大通道上加强合作，在辐射霍尔果斯、阿拉山口口岸的同时，进一步拓展巴克图、吉木乃、喀什等陆路口岸运输新路径。

分析提示：党的二十大报告指出，“共建‘一带一路’成为深受欢迎的国际公共产品和国际合作平台”，并提出了“推动共建‘一带一路’高质量发展”的要求。通过铁转铁、铁转公等模式，不断扩展国际物流通道运输网络和覆盖范围，进一步畅通与上合组织国家及“一带一路”共建国家经贸往来，加速打造“一带一路”国际合作新平台。同合作伙伴一道，把“一带一路”打造成团结应对挑战的合作之路、维护人民健康安全的健康之路、促进经济社会恢复的复苏之路、释放发展潜力的增长之路。

课堂练习

1. 在协同运作型的第四方物流运作模式中，具体物流业务实施由（　　）完成。

A. 第四方物流　　B. 第三方物流

C. 客户　　D. 物流管理咨询公司

2. 方案集成型第四方物流运作模式下，通常会和客户成立（　　）。

A. 独资公司　　B. 合资或合伙公司

C. 分公司　　D. 子公司

3.（　　）第四方物流运作模式以整合供应链职能为重点，给多个行业带来改革和最大利益。

A. 协同运作型　　B. 方案集成型

C. 行业创新型　　D. 动态联盟型

4. 第四方物流萌芽阶段的主要盈利模式是（　　）。

A. 信息共享平台盈利模式　　B. 增值服务模式

C. 物流咨询模式　　D. 供应链集成商模式

5. 政府的物流咨询主要集中在（　　）。

A. 中西部地区　　B. 东北地区

C. 经济发达的城市　　D. 内陆城市

任务三　物流联盟的新技术及新设备

任务描述

小吴进入菜鸟联盟上班后，在工作中发现公司使用了许多新技术、新设备，他非常感兴趣，想针对这些新技术及新设备进行深入学习，以便更好地投入工作。让我们一起看看有哪些新技术和新设备在使用吧！

任务目标

1. 了解和掌握以菜鸟网络为代表的物流联盟所使用的新设备和新技术；
2. 理解这些新技术和新设备为物流带来的新变化。

任务实施

智慧物流被认为是现代物流业的必然趋势。所谓智慧物流，是指以物联网技术为基础，综合运用大数据、云计算、区块链及相关信息技术，通过全面感知、识别、跟踪物流作业状态，实现实时应对、智能优化决策的物流服务系统。智慧物流的发展与移动互联网、云计算、大数据、物联网等新兴技术密切相关。

包括菜鸟网络、京东物流在内的物流实体从成立伊始，所瞄准的就是智慧物流。它们利用自身庞大的电商平台所孕育的海量快递订单，以及在云计算、大数据、人工智能等领域的技术优势，将订单与新兴技术相结合，构建起一个智慧物流的生态圈。

以菜鸟网络为例，仅用三年时间，菜鸟网络就已经把快递、仓配、末端、农村和跨境这五张物流网络搭建起来。菜鸟联盟智能仓配网络的当日达、次日达已经覆盖全国1 000多个区县；电子面单、智能分单助力“双十一”海量包裹全面提速；遍布全国的菜鸟驿站服务了数十亿人次；跨境网络让全世界消费者见证了中国速度；农村物流让2万多个村庄的消费者跟上了现代生活方式；ET物流实验室引领物流技术前沿，先后推出了智能化仓库、配送机器人小G等。

本任务我们介绍以菜鸟网络为代表的物流联盟所使用的新技术和新设备。

一、移动互联网

利用移动互联网技术改造传统物流行业，可以解决行业信息不对称、中间环节过多、非标准化、管理效率低等困扰行业发展的问题，让物流行业作业模式更加高效，重建物流行业经营模式。

（一）互联网升级物流的“指挥系统”

首先，在物流信息技术应用上，手持终端设备的开发和移动互联网App应用的不断成熟，使物流企业内部运作信息更加同步，分拣中转、装卸运输、揽收派送等环节更加协同有效。其次，大数据应用使物流企业之间、电商与物流行业之间形成联动机制。例如，菜鸟是电子商务物流开放数据平台，在电商销售旺季，一方面，菜鸟通过销售数据预测订单产生规模、地点、物流路径，指导物流企业提前配置资源，缓解物流压力；另一方面，菜鸟根据物流运输情况指导电商商家调整营销策略，从货源端减少物流系统压力。

（二）互联网让物流变得更“聪明”

物流的过程，是社会产成品从厂商转移到消费者的过程，互联网不仅改变了物流的

“动”的过程，更重要的是能够让货物“少动”甚至“不动”，这背后是商品流通体系潜移默化的转型升级。智能分仓技术将改变现有物流模式，做到“货物不动数据动”，大幅提高物流效率，降低物流成本。大数据预测将指导商家进行库存前置，包括品类、规模、地域，以成本最低的方式提前将货物运输到消费地，待消费者下单后，再从最近的电商仓库完成“最后一公里”配送，做到“订单未下，物流先行”。

（三）互联网为物流创造了更多的受众

互联网带来了产业布局、城镇化的改变，带来了三、四线城市及农村消费的变化，扩大了物流覆盖半径和纵深。互联网使得中小城镇、农村的电子商务大力发展起来，克服了地域空间的阻隔，缩小了城乡差距，使农村用户在网上也可以买到与大城市居民同样的商品和服务，快递同样送到家门口。互联网带来的生产、消费、物流的改变会构筑新的商业流通体系。图 4 - 17 为互联网在电商物流中的作用。

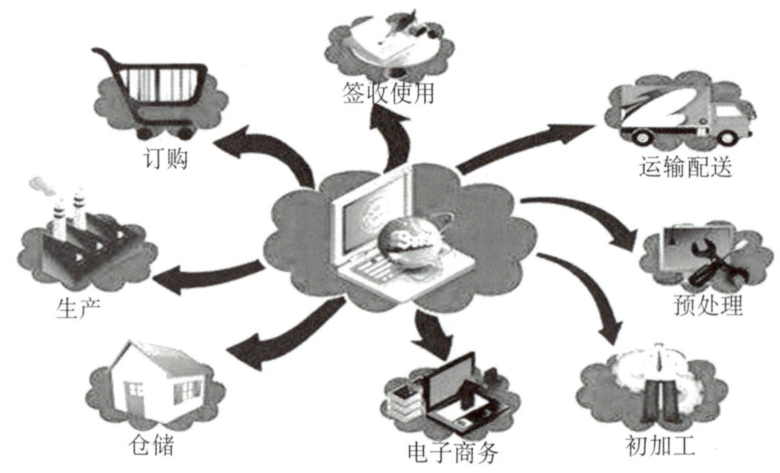

图 4 - 17　互联网在电商物流中的作用

二、云计算

云计算具有快速部署资源或获得服务、按需扩展和使用、按使用量付费、通过互联网提供等特征，包括基础设施即服务、软件即服务和平台即服务等类型。云物流是云计算在物流行业的应用服务，利用云计算强大的通信能力、运算能力和匹配能力，可以集成众多物流用户的需求，形成物流需求信息集成平台，实现所有信息的交换、处理、传递，整合零散的物流资源，使物流效益最大化。随着互联网的普及以及移动终端的广泛应用，云计算会渗透到每个角落，云物流也将具有广阔的发展前景。云计算在物流中的应用主要体现在以下方面：

（一）云计算在快递行业的应用

从快递业应用云物流的实例看，云物流的作用主要体现在物流信息方面。在实际运作中，首先，快递行业中的某个企业搭建一个“行业云”的平台，集中行业中的私有数

据，集中来自全球发货公司的海量货单；其次，对海量货单和货单的目的路径进行整理；再次，指定运输公司发送到快递公司；最后，将货物送达收件人。在这一过程中，云物流对快递行业的收货、运输、终端配送的运作模式进行了整合，实现了批量运输，部分解决了我国运输行业长期存在的空驶（或是半载）问题，提高了运输公司的效率，降低了成本。云计算在快递行业的应用只是其在物流行业中应用的一小部分。

（二）云计算在整个物流行业的应用

在物流领域，有些运作中已经有“云”的身影，如车辆配载、运输过程监控等。借助云计算中的“行业云”，可以多方收集货源和车辆信息，并使物流配载信息在实际物流运输需求发生以前得以发布，加快了物流配载的速度，提高了配载的成功率。

“云存储”也是可以发展的方向之一，利用移动设备将在途物资作为虚拟库存，即时进行物资信息交换和交易，将物资直接出入库，并直接将货物运送到终端用户手中。受益于云物流的还有供应链，零售业在云物流的影响下也将发生变化。如果说云计算为快递行业降低生产成本发挥了很大作用，那么云计算在物流行业的应用带来的直接效果就是降低物流成本，这将大大提高物流业的社会效益。图 4－18 所示为云物流示意图。

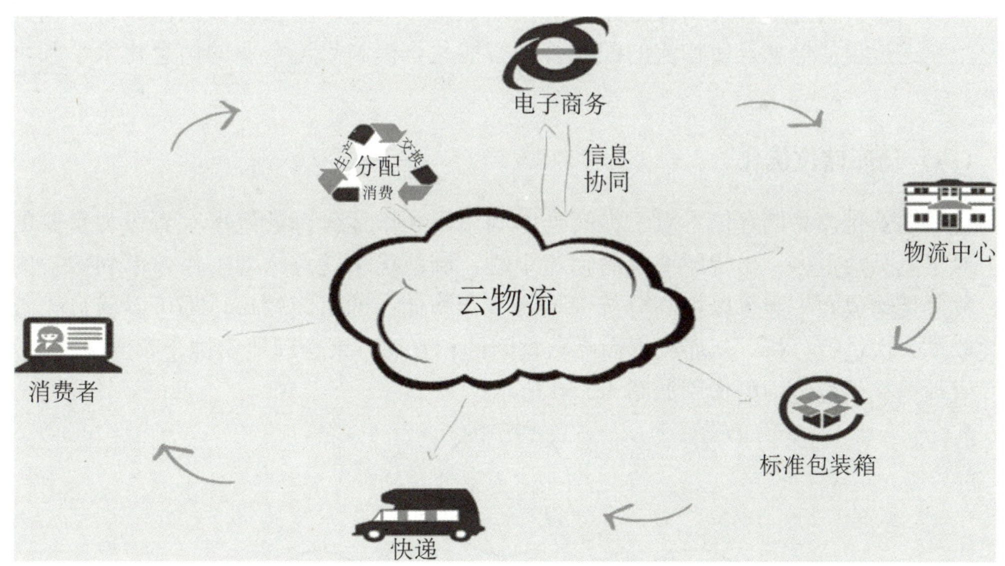

图 4－18　云物流示意图

三、大数据

大数据在物流企业中的应用主要包括以下几个方面。

（一）市场预测

商品进入市场后，并不会一直保持稳定的销量，随着时间的推移、消费者行为和需求的变化，其销量也是不断变化的。过去，我们习惯于通过调查问卷和以往经验来寻找客户的来源，当调查结果总结出来时，往往已经过时了，延迟、错误的调查结果会让管理者对市场需求做出错误的估计。而大数据能够帮助企业勾勒出其客户的行为和需求信息，通过真实而有效的数据反映市场的需求变化，从而对产品进入市场后的各个阶段做出预测，进而合理地控制物流企业的库存和安排运输方案。

（二）物流中心选址

物流中心选址要求物流企业在充分考虑自身的经营特点、商品特点和交通状况等因素的基础上，使配送成本和固定成本等之和达到最小。针对这一问题，可以利用大数据中分类树的方法来解决。

（三）配送线路优化

配送线路优化是一个典型的非线性规划问题，它一直影响着物流企业的配送效率和配送成本。物流企业运用大数据来分析商品的特性和规格、客户的不同需求（时间和金钱）等问题，从而用最快的速度对这些影响配送计划的因素做出反应（比如选择哪种运输方案、哪种运输线路等），制定最合理的配送线路。而且企业还可以通过配送过程中实时产生的数据，快速地分析出配送路线的交通状况，对事故多发路段做出预警；精确分析整个配送过程的信息，使物流的配送管理智能化，提高物流企业的信息化水平和可预见性。

（四）仓库储位优化

合理地安排商品储存位置对于提高仓库利用率和搬运分拣的效率有着极为重要的意义。对于商品数量多、出货频率快的物流中心，储位优化就意味着工作效率和效益的提高。哪些货物放在一起可以提高分拣率，哪些货物储存的时间较短，都可以通过大数据的关联模式法进行分析，从而根据商品数据间的相互关系来合理地安排仓库位置。

大数据在供应链中的作用如图 4－19 所示。

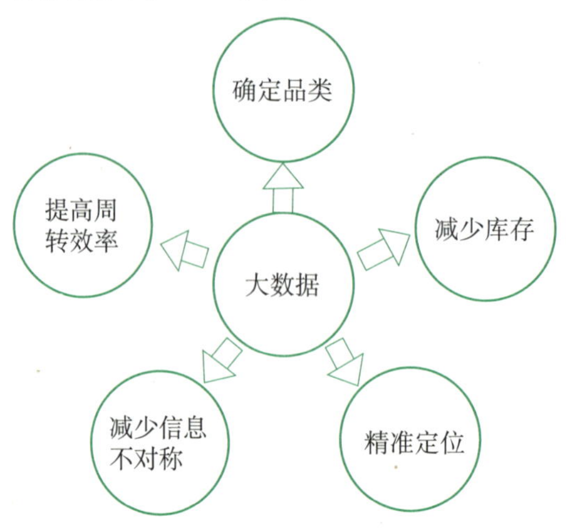

图 4－19　大数据在供应链中的作用

四、物联网技术

物联网是指通过各种信息传感设备和技术，如传感器、射频识别（RFID）技术、全球定位系统（GPS）、红外感应器、激光扫描器、气体感应器等，实时采集任何需要监控、连接、互动的物体或过程，采集声、光、热、电、力学、化学、生物、位置等各种需要的信息，与互联网结合形成的一个巨大的网络，其目的是实现物与物、物与人、物与网络的连接，方便识别、管理和控制。

物流业是物联网很早就实实在在落地的行业之一，很多先进的现代物流系统已经具备了信息化、数字化、网络化、集成化、智能化、柔性化、敏捷化、可视化、自动化等先进技术特征。概括起来，目前相对成熟的应用主要集中在如下四大领域：

一是产品的智能可追溯的网络系统。如食品的可追溯系统、药品的可追溯系统等。这些智能的产品可追溯系统为食品安全、药品安全提供了坚实的物流保障。

二是物流过程的可视化智能管理网络系统。这是基于 GPS、RFID、传感等多种技术，在物流过程中可实时实现车辆定位、运输物品监控、在线调度与配送的可视化与管理系统。

三是智能化的企业物流配送中心。基于传感、RFID、声、光、机、电、移动计算等各项先进技术，建立全自动化的物流配送中心，建立物流作业的智能控制、自动化操作的网络，实现物流与制造联动，实现商流、物流、信息流、资金流的全面协同。

四是企业的智慧供应链。在竞争日益激烈的今天，面对大量的个性化需求与订单，怎样才能使供应链更加智慧，怎样才能做出准确的客户需求预测，是企业经常遇到的现实问题。这就需要智慧物流和智慧供应链的后勤保障网络系统的支持。此外，基于智能配货的物流网络化公共信息平台建设，物流作业中智能手持终端产品的网络化应用等，也是目前很多地区推广的物联网在物流业中应用的模式。物联网在仓储中的应用如图 4－20 所示。

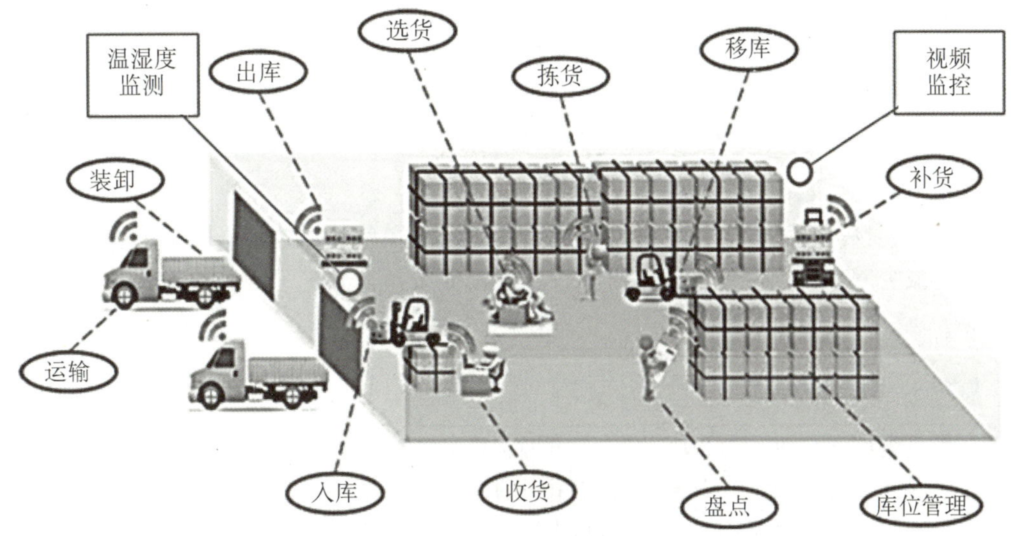

图 4－20　物联网在仓储中的应用

五、条码技术

（一）条码技术的含义

条码技术是在计算机的应用实践中产生和发展起来的一种自动识别技术。它是为实现对信息的自动扫描而设计的，是实现快速、准确而可靠地采集数据的有效手段。条形码是由一组规则的条空及对应字符组成的符号，用于表示一定的信息，其核心内容是通过利用光电扫描设备识读这些条形码符号来实现机器的自动识别，并快速、准确地把数据录入计算机进行数据处理，从而达到自动管理的目的。条形码技术的应用解决了数据录入和数据采集的瓶颈问题，为物流管理提供了有力的技术支持。

（二）条码技术的发展

条码技术出现于 1948 年，1966 年被克罗格公司首次应用到商品上，1973 年 IBM 公司研发出矩形条形码。随着这项技术的不断改进，条形码运用到物流行业。物流条码是整个供应链中用以标识物流领域中具体实物的一种特殊编码，是整个供应链过程，包括生产厂家、配销业、运输业、消费者等环节的共享数据。它贯穿整个贸易过程，并通过物流条码数据的采集、反馈，提高整个物流系统的经济效益。国际上通用和公认的物流条码码制有三种：ITF－14 条码，UCC/EAN－128 条码及 EAN－13 条码（见图 4－21）。

图 4－21　条形码

条形码在物流中的应用，可以有效地提高物品的识别效率，提高物流的速度和准确性，从而减少库存，缩短物品流动时间，提高物流效益，满足了现代物流高速、高效的要求。

（三）二维码的出现

二维条码也叫二维码（2-Dimensional Bar Code），是用某种特定的几何图形按一定规律在平面（二维方向上）分布的黑白相间的、记录数据符号信息的图形；在代码编制上巧妙地利用构成计算机内部逻辑基础的“0”“1”比特流的概念，使用若干个与二进制相对应的几何形体来表示文字数值信息，通过图像输入设备或光电扫描设备自动识读以实现信息自动处理。它具有条码技术的一些共性：每种码制有其特定的字符集；每个字符占有一定的宽度；具有一定的校验功能等。同时还具有对不同行的信息自动识别功能及处理图形旋转变化点。

二维码是日本电装公司于 1994 年研发的，当初是为了解决制造业和物流业的产品管理问题，二维码比条形码具有更大的信息量和抗污损性能等。

王越，把二维码从日本带到中国，他被称为“中国二维码之父”。王越在日本工作时第一次接触到了二维码，2002 年他回国创业，创立了中国最早的二维码专业企业——北京意锐新创科技有限公司，多年来持续创新技术、研发产品，参与制定了二维码的国家标准，率先突破了扫码支付的安全瓶颈。现在的二维码除了运用于物流管理，还给智能支付带来历史性变革，意锐新创与国内的大型银行合作打造金融安全级别的智能支付模式，凭借支付场景积累的交易数据，为商户提供包括会员管理、用户画像与分析、目标消费群体推广等高附加值的精准营销解决方案，基于大数据打造一站式“支付＋营销”平台。“高铁、网购、扫码支付和共享单车”被“一带一路”沿线 20 多个国家的留学生共同评为中国新四大发明，其中“网购、扫码支付、共享单车”这三项都是基于二维码扫一扫技术专利的应用。

（四）条码技术在物流管理中的应用

1. 仓库货物管理

条码技术的应用与库存管理，不需要手工书写票据和送到机房输入的步骤，大大提高了工作效率。同时解决了库房信息滞后的问题，提高了交货日期的准确性。另外，解决了票据信息不准确的问题，提高了客户服务质量，消除事务处理中的人工操作，减少无效劳动。

2. 生产线人员管理

每个班次开工时，工作小组每个成员都要用条形码数据采集器扫描他们员工卡上的条码，把考勤数据和小组成员记录到数据采集器，然后输入计算机系统。管理人员根据记录的情况，决定相应的奖惩。

3. 流水线生产管理

在条码技术没有应用的时期，每个产品在生产线前，必须手工记载生成这个产品所需的工序和零件，领料号按记载分配好物料后，才能开始生产。在每条生产线上每个产品都有记录表单，每个工序完成后，填上元件号和自己的工号。手工记载工作量大，很复杂，而且不能及时反映商品在生产线上的流动情况。采用条码技术后，订单号、零件种类、产品编号都可条码化，在产品零件和装配的生产线上及时打印并粘贴标签。产品下线时，由生产线质检人员检验合格后扫入产品的条码、生产线条码号并按工序扫入工人的条码，对于不合格的产品送维修，由维修人员确定故障的原因，整个过程不需要手工记录。

4. 仓储管理

条码出现以前，仓库管理作业存在着很多问题，如物料出入库、物品存放地点等信息收集过程烦琐，信息传递滞后，导致库存量上升，发货日期无法保证，决策依据不准，降低了系统可靠性。为了避免失误，一些企业增设验单人员，这就降低了劳动生产率，影响指令处理速度。如果工厂安装了计算机网络系统，只需在数据输入前加一些条码数据采集设备，就可以解决。

5. 进货管理

进货时需要核对产品品种和数量，这部分工作由数据采集器完成。首先将所有本次进货的单据、产品信息下载到数据采集器中，数据采集器将提示材料管理员输入收货单的号码，由数据采集器在应用系统中判断这个条码是否正确。如果不正确，系统会立刻向材料管理员作出警示；如果正确，材料管理员再扫描材料单上的项目号，系统随后检查购货单上的项目是否与实际相符。

6. 入库管理

搬运工（或叉车司机）只需扫描准备入库的物料箱上的标签即可。入库可分间接和直接两种：间接入库指物料堆放在任意空位上后，通过条码扫描记录其地址；直接入库指将某一类货物存放在指定货架，并为其存放位置建立一个记录。

7. 库存货物的管理

对于标签破损，参照同类物或依据其所在位置，用计算机制作标签，进行补贴。在货物移位时，用识别器进行识读，自动收集数据，把采集数据自动传送至计算机货物管理系统中进行管理。按照规定的标准，通过条码阅读器对仓库分类货物或零散货物进行定期的盘存。在货物发放过程中，出现某些物品的货物零散领取的情况，可采用两种方式：一种是重新打包，系统生成新的二维码标签，作为一个包箱处理；另一种是系统设置零散物品库，专门存储零散货物信息，记录货物的品名、数量、位置等信息，统一管理。

8. 货物信息控制、跟踪

（1）库存自动预警：对于各种货物库存量高于或低于限量进行自动预警，结合各种货物近期平均用量，自动生成需要在一定时间内采购的货物或取消订货，有效控制库存量。

（2）空间监控：监控货物的实际位置、存放时间、空间余地等参数，对不合理位置、超长存放时间、余地不足等规定的限量自动预警。

（3）货物信息跟踪：对整个供应链进行跟踪。

（4）报损处理：自动对将要报损货物进行跟踪，管理人员可对报损货物进行登记，填写报损申请表，若报损申请批准后，系统对报损货物进行报损处理，建立报损明细。

9. 出库管理

采用条码阅读器对出库货物包装上的条码标签进行识读，并将货物信息传递给计算机，计算机根据货物的编号、品名、规格等自动生成出库明细。发现标签破损或丢失按照上述程序人工补贴。出库货物经过核对，确认无误后，再进行出库登账处理，更新货物库存明细。

条码技术有机地联系了各行各业的信息系统，为实现物流和信息流的同步提供了技术支持，有效地提高了供应链管理的效率，是电子商务、物流管理现代化等的必要前提。

WMS 系统自动定位、高效盘点、简便灵活，极大提升了仓储管理效率，智能化仓储管理，节省企业仓储成本。

六、射频识别技术

（一）射频识别技术的含义与特点

射频识别（Radio Frequency Identification，RFID）技术是一种非接触式自动识别技术，RFID 系统包括射频标签、读写器和计算机通信网络三部分。射频标签是承载识别信息的载体，读写器是获取信息的装置，计算机网络通信系统是对数据进行管理和通信传输的设备。射频识别标签与读写器之间利用感应、无线电波或微波，进行双向通信，实现标签存储信息的识别和数据交换。

RFID 技术具备可非接触识读的特点，可识别快速运动物体，抗恶劣环境、防水、防磁、耐高温、使用寿命长、保密性强，并且能够重复使用，体积小型化、形状多样化，可同时识别多个识别对象，能够更好地满足物流领域业务需求，运用于货物追踪、信息自动采集、仓储运用、港口指挥、各类快递。

（二）射频识别技术的运用

1. 零售业

RFID 技术能够改进零售商的库存管理，实现适时补货，对运输与库存进行有效跟踪，提高效率，减少出错。同时，智能标签能监控某些时效性强的商品是否在有效期内；商店还能利用 RFID 系统在付款台实现自动扫描和计费。RFID 标签在供应链终端的销售环节，特别是在超市中，免除了跟踪过程中的人工干预，并能够使生成的业务数据达到 100%准确。

2. 仓储管理

RFID 技术最广泛地应用于货物存取与库存盘点，将存货和取货等操作实现自动化。这样不仅增强了作业的准确性和快捷性，使服务质量提高，降低了成本，劳动力和库存空间得到了节省，同时减少了整个物流流程中由于商品误置、送错、偷窃、损害和库存、出货错误等造成的损耗。将 RFID 系统用于智能仓库货物管理，完全有效地解决了仓库里与货物流动有关的信息的管理问题。

3. 运输管理

在途运输的货物和车辆上贴上 RFID 标签，运输线的一些检查点上安装 RFID 接收装置。接收装置收到 RFID 标签信息后，连同接收地的位置信息上传至通信卫星，再由卫星传送给运输调度中心，送入数据库中。

4. 物流配送

配送环节中采用 RFID 技术，能大大加快配送的速度和提高拣选与分发过程的效率与准确率，并能减少人工、降低配送成本。系统将读取到的这些信息与发货记录进行核对，可以检测出可能出现的错误，然后将 RFID 标签更新为最新的商品存放地点和状态。

库存控制得到精确管理，甚至对目前还有多少货箱处于转运途中、转运的始发地和目的地，以及预期的到达时间等信息都可以确切了解。

七、电子订货系统

（一）电子订货系统的含义

电子订货系统（Electronic Ordering System，EOS）是指将批发、零售商场所发生的订货数据输入计算机，即通过计算机通信网络连接的方式将资料传送至总公司、批发商、商品供应商或制造商处的系统。EOS 能处理从新商品资料的说明直到会计结算等所有商品交易过程中的作业，EOS 涵盖整个物流过程。传统的订货工作都是利用电话或纸面单据进行，容易发生错误，EOS 的出现，有利于管理员在短时间内做出正确决策。经营者通过提高商品的周转率来促进销售、降低库存，同时力求避免因补货不当造成缺货。

EOS 采用电子手段完成供给链上从零售商到供应商的产品交易过程。EOS 必须有：

供应商：商品的制造者或供应者（生产商、批发商）。

零售商：商品的销售者或需求者。

网络：用于传输订货信息（订单、发货单、收货单、发票等）。

计算机系统：用于产生和处理订货信息。

（二）EOS 的优点

（1）商业企业内部计算机网络应用功能完善，能及时产生订货信息。

（2）POS 与 EOS 高度结合，产生高质量的信息。

（3）满足零售商和供应商之间的信息传递需求。

（4）通过网络传输信息订货。

（5）信息传递及时、准确。

（6）EOS 是许多零售商和供应商之间的整体运作系统，而不是单个零售店和单个供应商之间的系统。电子订货系统在零售商和供应商之间建立起了一条高速通道，使双方的信息及时得到沟通，使订货过程的周期大大缩短，既保障了商品的及时供给，又加速了资金的周转，实现了零库存战略。

（三）EOS 系统的基本流程

（1）在零售的终端利用条码阅读器获取准备采购的商品条码，并在终端机上输入订货种类。

（2）批发商开出提货传票，并根据提货传票，同时开出提货单，实施提货，然后依据送货传票进行商品发货。

（3）送货传票上的资料便成为零售商的应付账款资料及批发商的应收账款资料。

（4）将资料接收到应收账款的系统中。

（5）零售商对送到货物进行检验后，便可陈列与销售。

八、全球定位系统

全球定位系统（Global Positioning System，GPS）是 20 世纪 70 年代初在子午仪卫星导航定位技术上发展起来的具有全球性、全能性、全天候性优势的导航定位、定时、测速系统。全球定位系统由三大子系统构成：空间卫星系统、地面监控系统、用户接收系统。

（一）空间卫星系统

空间卫星系统由均匀分布在 6 个轨道平面上的 24 颗高轨道卫星组成，各轨道平面相对于赤道平面的倾角为 55°，轨道平面间距为 60°。在每一轨道平面内，各卫星升交角距相差 90°，任一轨道上的卫星比西边相邻轨道上的相应卫星超前 30°。空间系统的每颗卫星每 12 小时沿近圆形轨道绕地球一周，由星载高精度原子钟控制无线电发射机在“低噪音窗口”左近发射 L1、L2 两种载波，向全球的用户接收系统连续播发 GPS 导航信号。GPS 工作卫星组网保障全球任一时刻、任一地点都可对 4 颗以上的卫星进行观测，实现连续、实时的导航和定位。

（二）地面监控系统

地面监控系统由均匀分布在美国本土和三大洋的美军基地上的 5 个监测站、1 个主控站和 3 个注入站组成。该系统的功能是：对空间卫星系统进行监测、控制，并向每颗卫星注入更新的导航电文。地面监测站的主要任务是用 GPS 接收系统测量每颗卫星的伪距和距离差，采集气象数据，并将观测数据传送给主控点。5 个监测站均为无人值守的数据采集中心。主控站接收各监测站的 GPS 卫星观测数据、卫星工作状态数据、各监测站和注入站自身的工作状态数据。根据上述各类数据，及时编算每颗卫星的导航电文并传送给注入站。控制和协调监测站间、注入站间的工作，检验注入卫星的导航电文是否正确以及卫星是否将电文发给了 GPS 用户系统。诊断卫星工作状态，改变偏离轨道的卫星位置和姿态，调整备用卫星取代失效卫星。注入站接收主控站送达的各卫星导航电文并将之注入飞越其上空的每颗卫星。

（三）用户接收系统

用户接收系统主要由以无线电传感和计算机技术支撑的 GPS 卫星接收机与 GPS 数据处理软件构成。GPS 接收机能捕获、跟踪卫星，接收放大 GPS 信号并对信号进行解调和滤波处理，还原出 GPS 卫星发送的导航电文，求解信号在站星间的传播时间和载波相位差，实时地获得导航定位数据或采用后处理的方式，获得定位、测速、定时等数据。

目前，全球定位系统已广泛用于军事和民用等众多领域中。GPS 技术按待定点的状态分为静态定位和动态定位两大类。静态定位是指待定点的位置在观测过程中固定不变，如 GPS 在大地测量中的应用。动态定位是指待定点在运动载体上，在观测过程中是变化的，如 GPS 在船舶导航中的应用。静态相对定位的精度一般在几毫米到几厘米范围内，动态相对定位精度一般在几厘米到几米范围内。

九、快递无人机

快递无人机采用多旋翼飞行器，配有GPS自控导航系统、GPS接收器、各种传感器以及无线信号收发装置，如图4-22所示。无人机具有GPS自控导航、定点悬浮、人工控制等多种飞行模式，集成了三轴加速度计、三轴陀螺仪、磁力计、气压高度计等多种高精度传感器和先进的控制算法。无人机配有黑匣子，以记录运行状态信息。同时无人机还具有失控保护功能，当无人机进入失控状态时将自动保持精确悬停，失控超时将就近飞往快递集散点。

图4-22　快递无人机

无人机通过5G网络和无线电通信遥感技术与调度中心和自助快递柜等进行数据传输，实时向调度中心发送自己的地理坐标和状态信息，接收调度中心发来的指令，在接收到目的坐标以后采用GPS自控导航模式飞行，在进入目标区域后向目的快递柜发出着陆请求、本机任务状态报告和本机运行状态报告，在收到着陆请求应答之后，由快递柜指引无人机在快递柜顶端停机平台着陆、装卸快递，以及进行快速充电。无人机在发出请求无应答超时之后再次向目的快递柜发送请求，三次超时以后向调度中心发送着陆请求异常报告、本机任务状态报告和本机运行状态报告，请求指令。无人机在与调度中心失去联系或者出现异常故障之后将自行就近飞往快递集散点。

十、仓库智能机器人

在菜鸟仓库里，一群“货到人”机器人队伍正在各自岗位上有条不紊地搬运着货架，这支高效队伍已能很好地融入工位工作，配合人力后能够以普通物流八倍的速度为菜鸟效劳。

仓库被划分为无人区和工位区两个部分，其中占地约90%的无人区为机器人工作范围，工位区分派有数名分拣工人，每名工人配合8～10个机器人共同工作。机器人接收到某批次订单指令后，搬出指定货架并运送到工位区，分拣工人通过电子屏显示的商品明细与提示进行分拣，将货物转移到播种墙，并同时完成商品标签扫描确认。补货与拣货程序相反。机器人在完成一定工作量后返回充电桩定时快充。菜鸟仓库里的分拣机器人如图 4-23 所示。

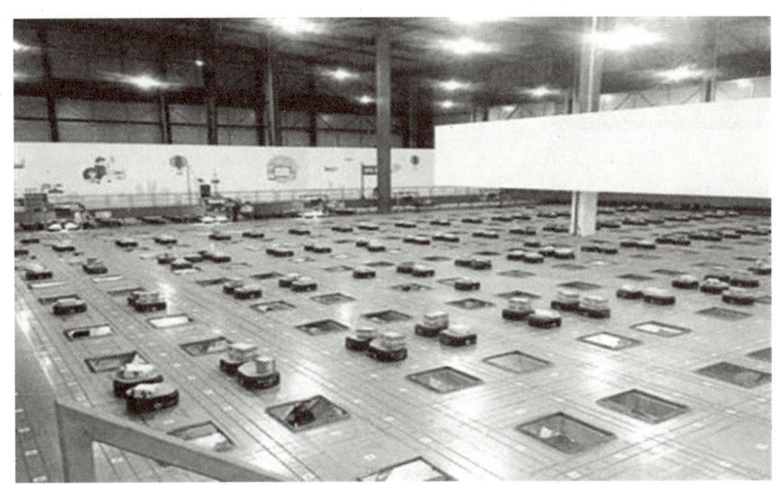

图 4-23 菜鸟仓库里的分拣机器人

十一、自动分拣系统

自动分拣系统是一种自动化作业系统，它可以应用于物流中心批量拣货后的二次分货，只要将拣出的货品按要求投入自动分拣系统，该系统就会自动按照不同客户将货品分开，并从相应的道口排出。批量拣货后，再用自动分拣机来分货，实际上也是对拣货数量的稽核，因此，降低了拣货的差错率，提高了拣货效率。

菜鸟网络自动分拣系统能够做到百亿级数据处理，自动识别货品位置。仓库通过一整套自动化系统，日拣货件数达到 100 万件，为消费者享受网购当日达和次日达服务提供了保障。图 4-24 所示为天猫超市自动分拣系统。

图 4-24 天猫超市自动分拣系统

据介绍，自动化就像给快递箱装上了眼睛和双脚，能指引它们自己去拣选货品。这样一来，仅需在条码复核、分拣机监护等环节投入人工，货品的运输、仓储、装卸、搬运等环节可一体化集成，效率至少提升 30%，拣货准确率几乎可达 100%。

十二、AR 智慧物流系统

菜鸟自成立以来，不断研发和使用各种“黑科技”，继全自动化的机器人仓库以后，2016 年 10 月又实验了一个 AR 智慧物流系统，颠覆了人们心中对物流的认知。只要戴上 AR 眼镜，打开操作系统，就可接收订单，工作人员还可直观地看到商品的质量、体积等各种信息，进行快速分类。菜鸟的 AR 智慧物流系统如图 4－25 所示。

图 4－25　菜鸟的 AR 智慧物流系统

十三、WMS（仓储管理系统）

WMS 是一个实时的计算机软件系统，它能够按照运作的业务规则和运算法则，对信息、资源、行为、存货和分销运作进行更完善的管理，提高效率。这里所称的“仓储”包括生产和供应领域中各种类型的储存仓库和配送中心，包括普通仓库、物流仓库以及货代仓库。

RF-WMS（无线仓储管理系统）包括软件、硬件、管理经验。传统的仓储管理系统忽略了管理经验和自动识别硬件的缺失。软件指的是支持整个系统运作的软件部分，包括收货处理、上架管理、拣货作业、月台管理、补货管理、库内作业、越库操作、循环盘点、RF 操作、加工管理、矩阵式收费等。硬件指的是用于打破传统数据采集和上传的瓶颈问题，能够提高数据精度和传输速度的自动识别技术和无线传输技术等。管理经验指的是开发商根据其开发经验中客户的管理方式和理念整合的一套管理理念和流程，为企业做到真正的管理。

菜鸟 WMS 采用 S 形拣货路线，自动配齐订单货品。仓库管理系统是入库业务、出库业务、仓库调拨、库存调拨、综合批次管理、物料对应、库存盘点、质检管理、虚仓管理和即时库存管理等功能综合运用的管理系统，能够有效控制并跟踪仓库业务的物流和成本管理全过程，实现完善的企业仓储信息管理。该系统可以独立执行库存操作，与其他系统的单据和凭证等结合使用，可提供更为完整全面的企业业务流程和财务管理信息。菜鸟的仓储管理系统如图 4－26 所示。

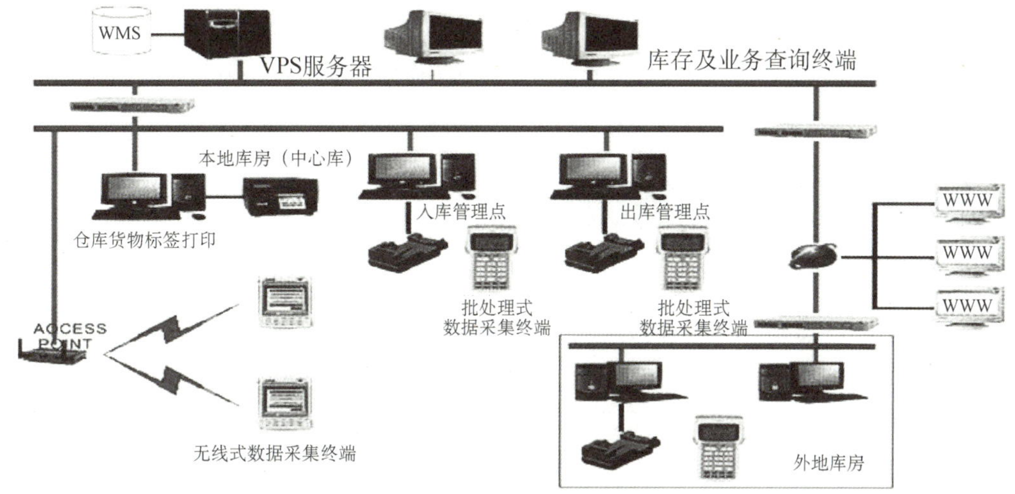

图 4－26　菜鸟的仓储管理系统

十四、仓内复杂拣货机器人矩阵

在这个系统中，每个货架的底部都会贴一个二维码，相当于货架的“身份证”，地面上每隔一米也贴一个二维码，用于机器人识别实时位置以及导航路径。改造后的仓库使拣货员只需在拣货区的工作站范围内进行作业，当他需要某种物料的时候，通过操作后台系统即可唤来相应的货架。自动拣货货架如图 4－27 所示。

图 4－27　自动拣货货架

十五、视觉识别系统

视觉识别系统的主要功能是确保订单准确、包装完整安全。视觉识别系统具有卓越的元件检验、识别和引导功能。这些独立的工业级视觉系统内含高级视觉工具库，具有高速图像采集和处理功能。

现在，菜鸟智能化识别包裹的技术基于条形码＋大量传感器的方案，随着材料科学和人工智能技术的进步，未来还会有廉价的标记物出现，包装盒将自带ID，利用基于深度学习的图像识别技术来降低成本。

十六、运输管理系统/决策支持系统

运输管理系统/决策支持系统（TMS/DSS）从战略布局优化、业务流程优化到日常操作管理，基于供应链网络设计，通过订单全生命周期管理、节点监控，覆盖运输管理各环节，建立标准化、精细化、专业化的运输管理规范，达到业务全程可视化，有效提升物流运营中的信息流、产品流和资金流的高效运作，提高业务风险管控力，有效改善企业整体运营效益，使利润最大化。TMS/DSS 如图 4－28 所示。

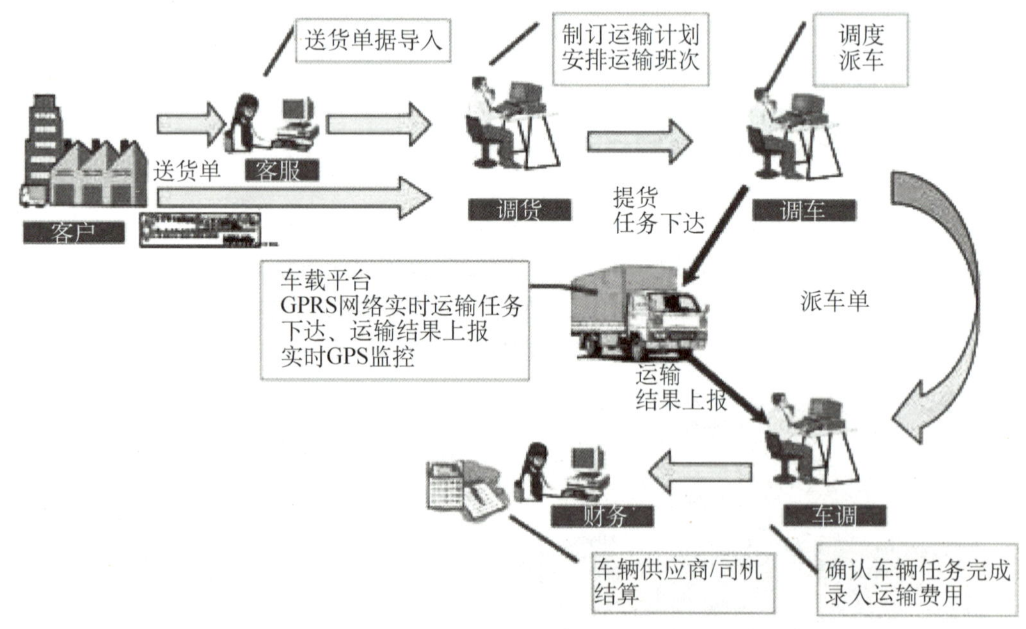

图 4－28　TMS/DSS

十七、末端配送机器人

2016 年 9 月 1 日，菜鸟 ET 物流实验室研发的末端配送机器人“小 G”，已经在阿里巴巴杭州总部展开送货测试。小 G 是一台可以在陆地上行走的机器人，身高 1 米左右，如图 4－29 所示，大概能装 10～20 个包裹。只要通过手机向小 G 发出服务请求，它便会规划最优配送路径，将物品送到指定位置，用户可通过电子扫描签收。走在路上，小 G 能动态识别环境的变化，它不仅能识别路上的行人、车辆，还可以自己乘坐电梯，甚至能够感知到电梯的拥挤程度，它是绝对不会跟人抢电梯的。

图 4－29　配送机器人

素养园地

数字技术助力快递行业高速发展

“我现在出发了，请注意避让。”

“包裹已取出，欢迎下次使用。”

贵州大学校园里突然多了 3 辆自动语音提示的菜鸟驿站无人配送车——“小蛮驴”。

只需在菜鸟 App 上“一键下单”预定送件时间，“小蛮驴”就会把学生的包裹免费准时送达宿舍楼下。

“小蛮驴”的投用，让高校广大师生享受到更数字化、智能化、便捷化的快递服务。

分析提示：党的二十大报告提出，“加快发展数字经济，促进数字经济和实体经济深度融合，打造具有国际竞争力的数字产业集群”。当前，信息技术已经成为电商和物流行业发展的重要工具，从移动支付到物流服务，数字化已经成为提升电商和物流行业升级服务和优化运营的关键，物流行业要充分运用数字化技术重构人货场，推动降本增效，提升服务质量。无接触快递上门服务越来越多，物流技术发展越来越成熟，也是得益于5G网络和大数据、云计算技术。数字物流作为行业的新概念，是顺应互联网时代发展的产物，一经提出就为行业注入了新动力，信息传递高效快捷，摆脱了线上线下信息无法共享的制约，实现运输科技化、管理链条化的运输模式，不断深度挖掘行业潜能，释放行业活力。

课堂练习

1. 以下哪种技术能实现“货物不动数据动”，大幅提高物流效率，降低物流成本？（　　）

A. 移动互联网　　B. 云计算

C. 大数据　　D. 智能分仓技术

2. 云计算在快递行业应用时，搭建的“行业云”平台主要作用不包括以下哪项？（　　）

A. 集中行业中的私有数据　　B. 直接运输货物到收件人

C. 整理海量货单和货单的目的路径　　D. 指定运输公司发送到快递公司

3. 大数据在物流企业应用中，不能用于解决以下哪个问题？（　　）

A. 市场预测　　B. 办公软件性能优化

C. 物流中心选址　　D. 配送线路优化

4. RFID系统不包括以下哪个部分？（　　）

A. 射频标签　　B. 读写器

C. 计算机通信网络　　D. 卫星定位模块

5. 全球定位系统（GPS）由哪三大子系统构成？（　　）

A. 空间卫星系统、地面监控系统、用户接收系统

B. 导航系统、定位系统、授时系统

C. 轨道卫星系统、监测站系统、数据处理系统

D. 信号发射系统、信号传输系统、信号接收系统

任务四　菜鸟联盟的快递服务

任务描述

小吴工作非常勤奋，想在自己的岗位上有所贡献，但他对菜鸟联盟的快递服务不是很熟悉，菜鸟联盟的快递服务平台是怎么运作的，快递是如何运转的，小吴一头雾水。勤奋的小吴一边工作，一边开始了自己的学习。

任务目标

1. 了解菜鸟联盟的商家服务；
2. 了解菜鸟联盟的物流商服务。

任务实施

一、商家服务

（一）电子面单

1. 概念

菜鸟电子面单，是由菜鸟网络和快递公司联合向商家提供的一种通过热敏纸打印输出纸质物流面单的物流服务。商家可在淘宝天猫的卖家中心申请开通该服务，菜鸟网络会把服务申请转发给快递公司，快递公司审核通过后会给商家提供电子面单热敏打印纸；商家再通过发货软件与菜鸟网络系统交互，获得菜鸟生成的面单号（快递面单号段由快递公司提供）等打印信息，并通过热敏打印机（打印机由商家自行购买或与网点协商解决）完成电子面单打印并交付快递公司揽收派送。

2. 服务优势

（1）打印速度提升 4～6 倍：降低面单打印的人力成本和设备成本，相比使用传统面单节省了一半以上的打印机数量和人力投入。

（2）取消了抽底单环节：包裹出库时减少了抽底单的工序，降低了操作成本，提升了操作效率。

（3）可充当拣货单：菜鸟电子面单下联有商家自定义区域，可供商家打印商品信息等，省去了专门打印拣货明细的环节。

（4）提升包裹送达时效：由于整体物流链路的效率提升，消费者能够比以往更快收到包裹，对店铺的满意度会更高。

（5）单号回收使用：打印信息错误等情况发生时，已打印出来的快递单号可以自动回收，避免单号浪费。

（6）有效维权凭证：菜鸟电子面单在部分业务维权时，无须上传底单图片，也能实现快速维权处理。

3. 菜鸟电子面单与传统电子面单的对比

菜鸟电子面单与传统电子面单的对比如表 4－2 所示。

表 4－2 菜鸟电子面单与传统电子面单的对比

项目	菜鸟电子面单	传统电子面单
快递合作	无须系统开发，15 家主流快递公司都能用	需要系统开发，若使用多家快递公司，则需多次系统对接

续表

项目	菜鸟电子面单	传统电子面单
操作效率	大头笔在包装上写地址会细化到派件网点（部分快递），让中转和派送效率更高	无
系统稳定性	系统可用度 99.999%以上，大促期间绝对稳定	参考各家快递公司的承诺
筛单功能	可识别超区订单，减少转单造成的破损或延误	无
余额提醒	可根据店铺运营情况，自行设置单号可用数量的提醒阈值和频次	无
维权凭证	在部分业务维权时，无须上传底单图片，也能实现快速维权处理	无
系统对接	商家在卖家中心后台自助申请。一次申请 15 家主流快递公司，无须和每一家快递公司做对接	快递公司自己开发的电子面单服务，商家使用必须快递公司上门做系统对接，使用一家快递公司的面单则需要对接一次

4. 开通使用流程

电子面单服务的开通使用流程如图 4－30 所示。

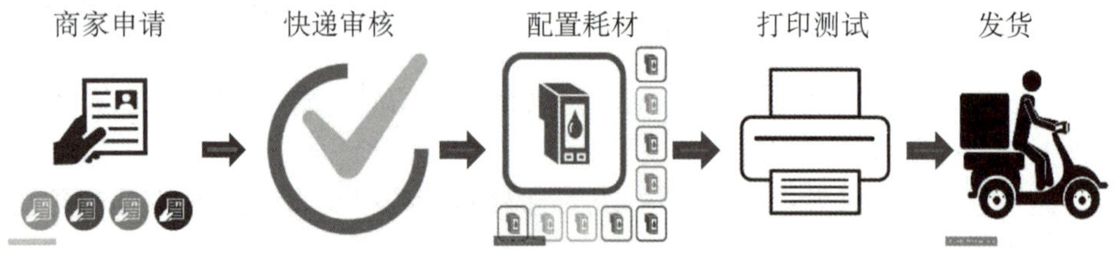

图 4－30　电子面单服务的开通使用流程

（二）橙诺达

1. 服务介绍

菜鸟网络联合六大快递公司（见图 4－31），向商家做出时效承诺。根据不同的线路，时效服务分为：

（1）次日达。今天揽收，明天 24 点前为客户送达。

（2）隔日达。今天揽收，后天 24 点前为客户送达。

（3）三日达。今天揽收，揽收当日＋3 天 24 点前为客户送达。

图 4-31 菜鸟网络联合的六大快递公司

2. 服务宗旨

（1）共同为买家提供有时效保障的物流体验，增强买家在卖家店铺购物的信心。其宣传图如图 4-32 所示。

图 4-32 菜鸟网络物流时效宣传图

（2）通过揽收、中转、派送 3 个环节的体系优化，增加揽收频次，提高中转效率，提高末端配送能力，让快递服务从不确定性向确定性转变，提升快递服务能力。其示意图如图 4-33 所示。

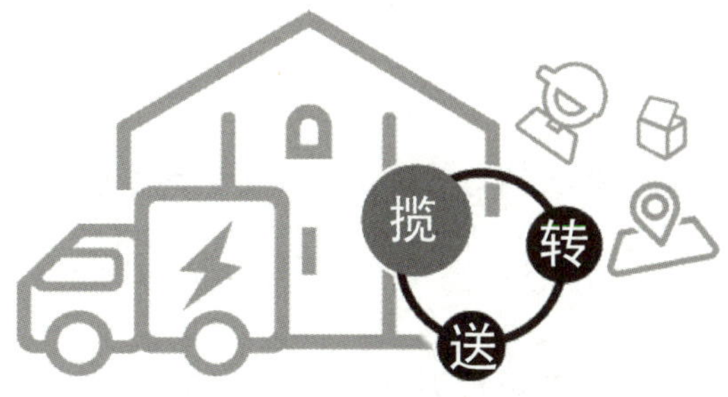

图 4-33 菜鸟网络揽转送示意图

3. 商家服务

（1）快递公司提供可承诺的线路、定价以及赔付标准；

（2）商家订购后，通过实际需求在智选物流平台上进行发货地及线路的设置；

（3）商家发货时所选择的订单线路需要在快递公司的服务承诺范围内；

（4）未在承诺时效送达的订单在揽收日+5 日自动判断快递公司是否达成承诺；

（5）未达成部分自动赔付至店铺绑定的支付宝账号。

4. 查询路径

路径一：千牛软件，其查询路径如图 4 - 34 所示。

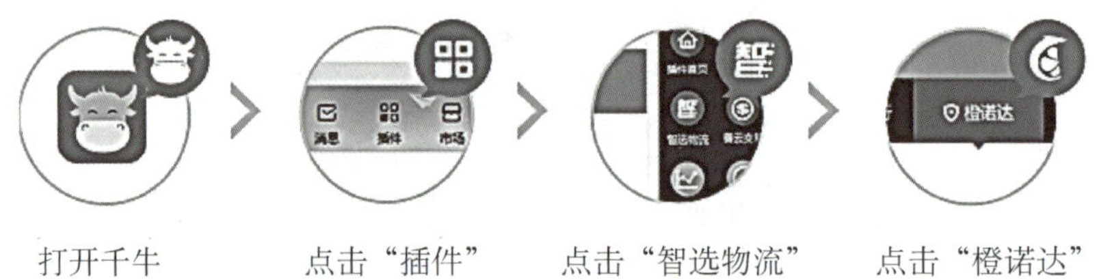

图 4 - 34　千牛软件查询路径

路径二：天猫卖家中心，其查询路径如图 4 - 35 所示。

图 4 - 35　天猫卖家中心查询路径

（三）货到付款

1. 服务简介

货到付款服务就是买家收到货，验货后再付款，是一种安全、便捷的支付和物流方式。支付方式包括现金支付、支付宝扫码付。合作物流有圆通、中通、韵达、宅急送、顺丰。

2. 服务优势

有助于商家招徕新客户，扩大消费人群；降低买家网上购物的门槛；扩大卖家市场；提高卖家订单转化率。

3. 准入机制

天猫卖家准入条件：店铺为非虚拟类目，同时店铺第一主营类目为非虚拟类目。淘宝卖家准入条件：店铺为非虚拟类目，同时店铺第一主营类目为非虚拟类目；卖家信用评分：1 钻以上（含 1 钻）；支持消费者保障服务并已缴纳保证金。

4. 服务订阅

登录后依次点击“我的淘宝”“我是卖家”“物流管理”“物流服务”，选择“货到付款”后点击“立即订购”。

5. 业务流程

货到付款现金业务流程如图 4 - 36 所示。

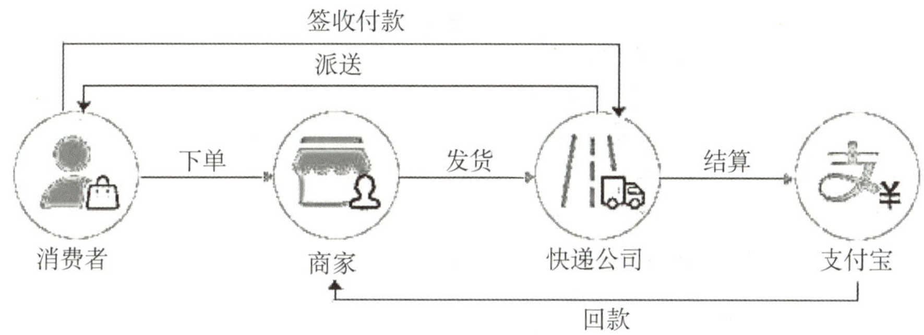

图 4-36 货到付款现金业务流程

货到付款扫码付业务流程如图 4-37 所示。

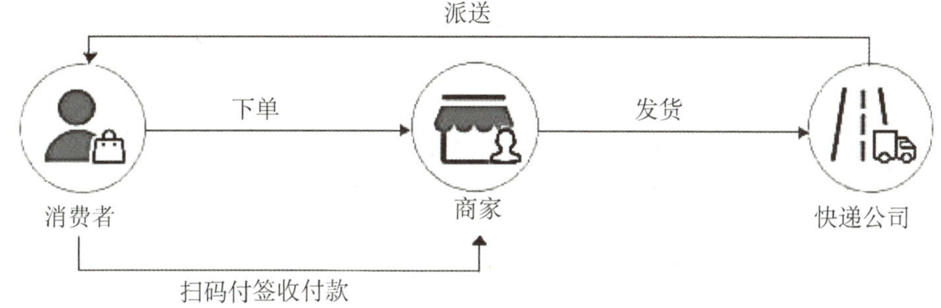

图 4-37 货到付款扫码付业务流程

(四) 物流跟踪

1. 服务简介

快递物流详情服务是菜鸟向消费者提供的一项购物后的快递物流状态查询服务，旨在为消费者提供及时、准确、便捷的物流状态跟踪服务体验。

2. 服务内容

(1) 物流节点提醒：在包裹“已揽收”“到达用户所在城市”“派送中”等用户关心的几个关键节点给出系统提示，便于用户做好收货准备。

(2) 计算和服务：使用数据技术编写文本地址，形成详细的结构化地址，并进行空间分析计算，得到地址的精确坐标位置和空间信息，并提供和开放各种地址处理和计算的服务，如地址分词、地址编码、地址清洗服务等，给行业用户和社会用户减少重复投资，提升行业效率。

(3) 多平台协同：在多平台同时展示物流信息，以便满足不同操作习惯的用户需求。

提供物流跟踪服务的主要平台有：淘宝 PC 端、淘宝手机 App、天猫手机 App、支付宝 App。

目前菜鸟为 15 家国内主流快递公司提供物流信息服务的推送接口，并为 20 多家其他快递公司提供物流信息主动拉取服务；作为连接消费者、快递公司、商家三方的信息处理平台，菜鸟拥有千万级的物流信息处理能力，可进行实时多平台分发和同步，为不同群体的用户提供购物后的物流信息展现服务。物流信息查询界面如图 4-38 所示。

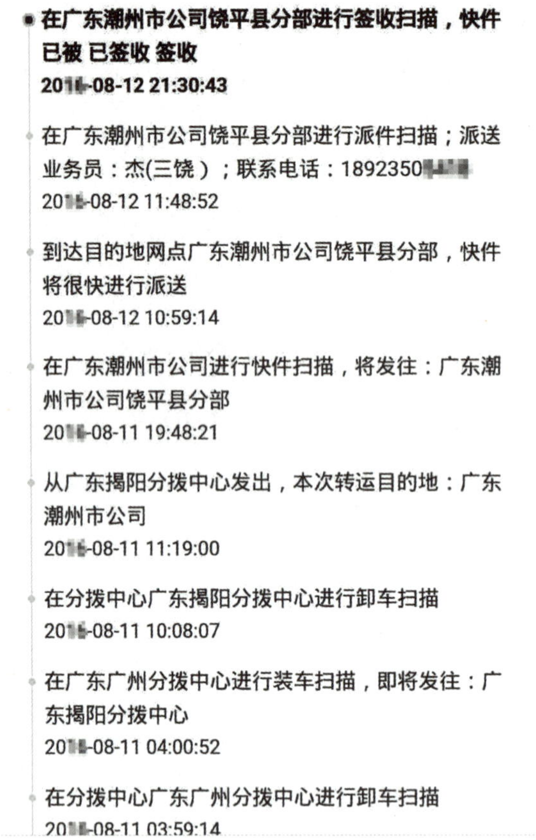

在广东潮州市公司饶平县分部进行签收扫描，快件已被 已签收 签收
201[illegible]-08-12 21:30:43

在广东潮州市公司饶平县分部进行派件扫描；派送业务员：杰(三饶）；联系电话：1892350[illegible]
201[illegible]-08-12 11:48:52

到达目的地网点广东潮州市公司饶平县分部，快件将很快进行派送
201[illegible]-08-12 10:59:14

在广东潮州市公司进行快件扫描，将发往：广东潮州市公司饶平县分部
201[illegible]-08-11 19:48:21

从广东揭阳分拨中心发出，本次转运目的地：广东潮州市公司
201[illegible]-08-11 11:19:00

在分拨中心广东揭阳分拨中心进行卸车扫描
201[illegible]-08-11 10:08:07

在广东广州分拨中心进行装车扫描，即将发往：广东揭阳分拨中心
201[illegible]-08-11 04:00:52

在分拨中心广东广州分拨中心进行卸车扫描
201[illegible]-08-11 03:59:14

图 4－38　物流信息查询界面

二、物流商服务

（一）路由分单

1. 服务简介

路由分单系统基于海量大数据系统和阿里云计算系统，以菜鸟电子面单为载体，提供整套完善、高效、准确的快件分拣解决方案。

2. 服务优势

（1）基于大数据的智能分析。基于海量大数据系统，提供整套完善、高效、准确的快件分拣解决方案。

（2）智能学习纠错。分单系统提供比人工记忆更准确的分拣精度，能为下游分拣复核和错分处理环节节省大量人力和时间。

（3）多种作业模式支持。分单系统可完全代替人工记忆，提供灵活的外部接口，内部简单化，外部多样化。

（4）分单系统安全、高效、可控。分单系统基于稳定的云计算环境，具有持续、稳定的分拣能力，能长时间、不间断地进行分拣作业。

3. 传统分单系统与菜鸟分单系统的对比

传统分单系统与菜鸟分单系统的对比如表 4-3 所示。

表 4-3 传统分单系统与菜鸟分单系统的对比

项目	传统分单系统	菜鸟分单系统
人力	一名分拣工至少需培训半年才能上岗；一个大型分拨中心需要 200 名分拣工	分单系统为阿里巴巴快递合作伙伴分拣中心自动化夯实基础
效率	3～5 秒/件	1～2 秒/件
准确率	95%左右	98%以上，经数据沉淀后，可接近 100%
稳定性	依赖人工记忆，稳定性不如计算机，较难应对旺季	大数据智能分单，不受外界影响，可不间断作业

4. 接入菜鸟分单系统

需要进行分单接入的快递企业只需将分拨中心和网点的基础数据传入分单系统进行数据校验，校验成功后，本企业分拣载体只需接入分单接口即可正常工作，无须任何复杂、长期的系统开发和部署，接入过程简单便捷。

（二）菜鸟天地

1. 服务简介

菜鸟天地是连接菜鸟与快递合作伙伴的数据交互和共享平台，旨在以数据为驱动力，帮助快递公司提升揽派效率、改善服务质量和定位异常问题。

2. 主要功能

（1）龙虎榜：提供快递合作伙伴服务指标横向对比，逐渐沉淀出快递行业公认的数据指标评估体系。

（2）单量时效统计分析：为快递合作伙伴提供包裹数量、揽派时效与线路准点分析，帮助合作伙伴及时发现短板、提升效率。

（3）异常分析：利用大数据挖掘能力，准确定位快递链路中的疑似异常行为，降低异常风险，减少继发损失。

（4）服务质量评估与建议：利用物流服务评价相关数据，为合作伙伴提供服务质量综合评估与改善建议，共同协作提升快递末端的服务体验。

（5）大促专题：对大促期间的关键数据指标进行实时监控，提供进出港包裹量预测、预报与预警服务，为合作伙伴提供数据化的决策支持参考。

（6）数据化管理：通过菜鸟网络的大数据处理，帮助快递合作伙伴实现数据化管理，提升快递全链路转运效率与稳定性，改善服务质量。

（三）指数分析

（1）快递指数：快递服务指标的综合评价体系，客观量化各合作伙伴的物流服务品质。

（2）网点指数：针对网点各项服务指标进行综合评估的指标体系，定位网店主要分数流失项，便于网店定位问题，帮助其优化。

课堂练习

1. 打印信息错误等情况发生时，已打印出来的快递单号可以自动回收，避免单号浪费，是菜鸟联盟服务的（　　）。

A. 劣势　　B. 优势　　C. 途径　　D. 方法

2. 电子面单服务开通使用的第一个流程是（　　）。

A. 商家申请　　B. 快递审核　　C. 配置耗材　　D. 打印测试

3. 今天揽收，明天 24 点前为客户送达的快递服务为（　　）。

A. 即日达　　B. 次日达　　C. 隔日达　　D. 三日达

4.（　　）是连接菜鸟与快递合作伙伴的数据交互和共享平台，旨在以数据为驱动力，帮助快递公司提升揽派效率、改善服务质量和定位异常问题。

A. 菜鸟联盟　　B. 物流联盟　　C. 菜鸟天地　　D. 物流天地

5. 菜鸟分单系统分单效率可以提高到（　　）。

A. 5～10 秒/件　　B. 5～8 秒/件　　C. 3～5 秒/件　　D. 1～2 秒/件

任务五　菜鸟网络的跨境物流

任务描述

在菜鸟公司工作一段时间后，由于跨境物流部门人手不够，小吴被调入该部门，但小吴对跨境物流还比较陌生，不过这对于热爱学习的小吴来说不是问题，小吴又开始了新的学习。

任务目标

1. 掌握菜鸟网络的进出口运营形式；
2. 掌握菜鸟网络的进出口运营形式的流程；
3. 了解菜鸟网络的进出口运营形式可以为客户创造哪些价值；
4. 掌握客户如何使用菜鸟网络提供的跨境物流商家服务。

任务实施

为更好地服务于消费者和商家，菜鸟网络建立了以协同共赢、数据技术赋能为核心的平台，将更多的合作伙伴纳入其中。菜鸟网络的跨境物流合作伙伴包括燕文、递四方、新加坡邮政、英国邮政、中通、圆通、EMS、斑马等，其物流覆盖能力可至全球 200 多个国家/地区，跨境仓库数量上千个，搭建起一张真正具有全球配送能力的跨境物流骨干网。下面就其跨境物流商家服务内容进行介绍。

一、进口无忧

（一）无忧保税

无忧保税是菜鸟为淘宝体系进口（天猫国际、全球购）商家提供的跨境进口电子商务领域的一站式物流服务，服务内容主要包括商家和商品入境前在海关和商品检验机构进行备案、保税仓储及订单履行作业、行邮包裹入境清关、国内配送以及与物流相关的增值服务。

无忧保税业务流程如图 4－39 所示。

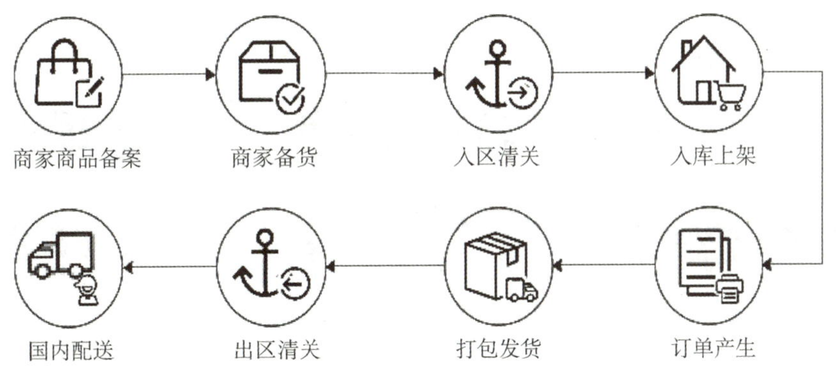

图 4－39　无忧保税业务流程

该物流业务为商家创造的价值如图 4－40 所示。

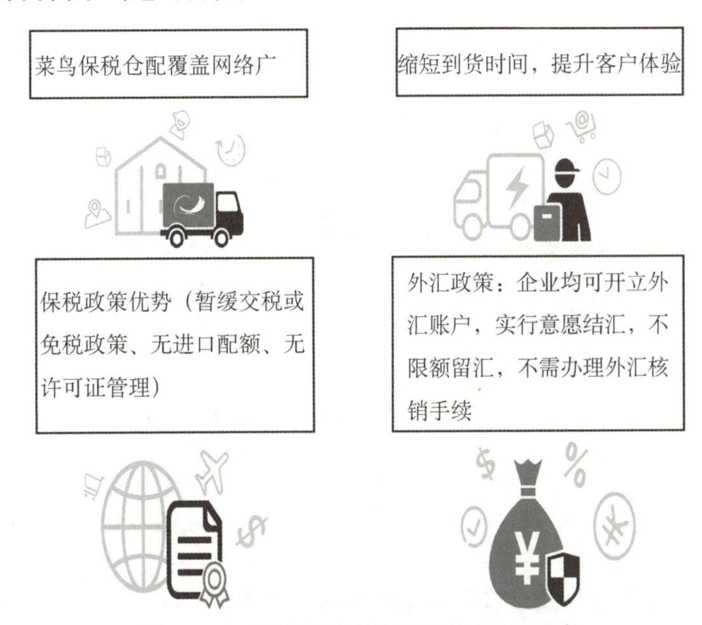

菜鸟保税仓配覆盖网络广
缩短到货时间，提升客户体验
保税政策优势（暂缓交税或免税政策、无进口配额、无许可证管理）
外汇政策：企业均可开立外汇账户，实行意愿结汇，不限额留汇，不需办理外汇核销手续

图 4－40　无忧保税业务为商家创造的价值

开设口岸：杭州、广州、上海、宁波、重庆、天津、郑州、深圳等。

菜鸟仓库合作伙伴如图 4－41 所示。

图 4－41 菜鸟仓库合作伙伴

菜鸟配送主要合作伙伴如图 4－42 所示。

图 4－42 菜鸟配送主要合作伙伴

（二）无忧直邮

商家在国外采购货物，采购完毕后送至菜鸟海外仓，菜鸟统一打包，以集货方式进境，经海关清单核放，查验放行后配送到消费者手中。

无忧直邮业务流程如图 4－43 所示。

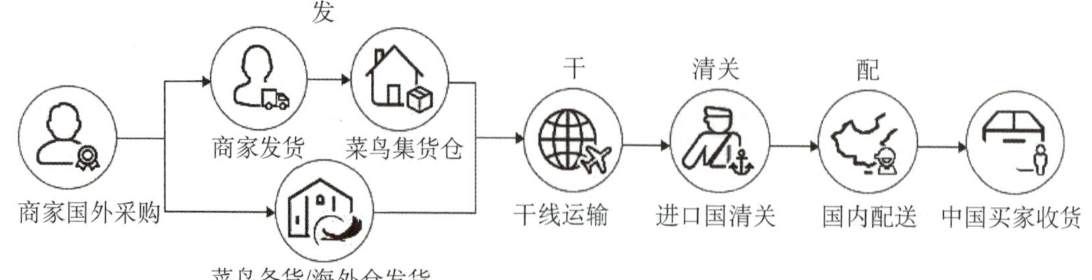

图 4－43 无忧直邮业务流程

菜鸟跨境进口海外覆盖线路：美国、英国、德国、澳大利亚、新西兰、日本、韩国等。

商家价值：适用于零散销售商品，通过集货方式运输，时效快，价格优。

到达时间：7～14 天。

无忧直邮业务合作伙伴及进口国际物流的形式如图 4－44、图 4－45 所示。

Hermes

图 4-44 无忧直邮业务合作伙伴

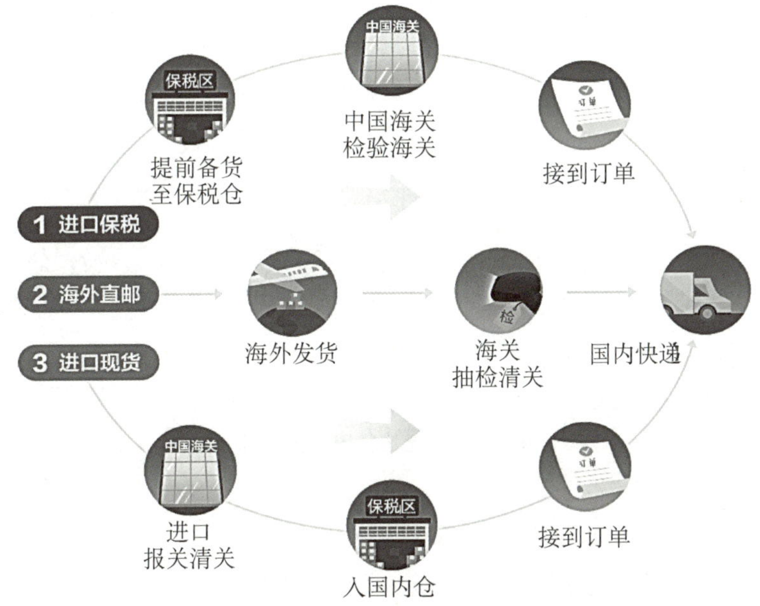

图 4-45 进口国际物流的形式

二、出口无忧

(一) 无忧物流

为确保卖家可以放心地在速卖通平台上经营，帮助卖家降低物流不可控因素的影响，阿里巴巴集团旗下全球速卖通及菜鸟网络联合推出线上发货升级版——“AliExpress 无忧物流”服务，为卖家提供包括揽收、配送、物流详情追踪、物流纠纷处理、售后赔付在内的一站式物流解决方案。

AliExpress 无忧物流有以下优势：

1. 渠道稳定、时效快

菜鸟网络与多家优质物流商合作，搭建覆盖全球的物流配送网络；智能分单系统会根据商品目的国、品类、重量选择最优物流方案。

2. 低于市场价

发全球享受市场价 8～9 折，只发 1 件也有折扣；使用支付宝收款账户中未结汇的美元支付运费。

3. 操作简单

一键选择无忧物流即可完成运费模板设置；出单后发货到国内仓库即可，深圳、广州、义乌等重点城市免费上门揽收。

4. 平台承担售后

物流纠纷无须卖家响应，直接由平台介入核实物流状态并判责；物流原因导致的纠纷、卖家服务评级系统（Detail Seller Rating，DSR）低分不计入卖家账号考核。

5. 你敢用我敢赔

物流原因导致的纠纷退款由平台承担（标准物流赔付上限 800 元人民币，优先物流赔付上限 1 200 元人民币）。

无忧物流业务流程如图 4－46 所示。

图 4－46　无忧物流业务流程

（二）线上发货

“线上发货”是由阿里巴巴全球速卖通、菜鸟网络联合多家优质第三方物流商打造的物流服务体系。

卖家使用“线上发货”需要在速卖通后台在线下物流订单，物流商上门揽收后（或卖家自寄至物流商仓库），卖家可在线支付运费并在线发起物流维权。阿里巴巴作为第三方将全程监督物流商服务质量，保障卖家权益。

素养园地

树立正确的消费观

1. 量入为出，适度消费

作为职业院校学生，我们应体会父母的辛劳，并懂得一分耕耘一分收获，要用自己的勤劳和智慧创造幸福的生活。所以，我们应量入为出，适度消费。

2. 放平心态，拒绝攀比

我们要明白学习和充实自己是现阶段最重要的任务。因此，不要盲目从众，不要过度攀比，不要过分追求时尚，放平心态，学会用知识武装自己，做“腹有诗书气自华”的有志青年学子。

3. 勤俭节约，艰苦奋斗

“勤俭节约，艰苦奋斗”是中华民族的传统美德，我们应该发扬勤俭节约、艰苦奋斗的优良传统，并将其作为指导自身消费行为的准则。

分析提示：正确的消费观，有利于个人收获幸福、获得成功，更好地实现个人价值与社会价值的融合。所以，我们要树立正确的消费观，在实现自我价值的同时享受更加美好的生活。

课堂练习

1. 无忧保税服务不包括以下哪项内容？（　　）

A. 商家和商品入境前在海关备案　　B. 海外采购货物

C. 保税仓储及订单履行作业　　D. 国内配送

2. 无忧直邮业务中，货物从哪里统一打包入境？（　　）

A. 国内仓库　　B. 菜鸟海外仓

C. 商家自设仓库　　D. 海关仓库

3. AliExpress 无忧物流中，使用什么支付运费？（　　）

A. 微信钱包中未结汇的美元　　B. 支付宝收款账户中未结汇的美元

C. 银行卡中人民币　　D. 现金

4. “线上发货”服务体系是由谁联合打造的？（　　）

A. 阿里巴巴全球速卖通、菜鸟网络和多家优质第三方物流商

B. 仅阿里巴巴全球速卖通

C. 仅菜鸟网络

D. 阿里巴巴全球速卖通和海关

知识小结

1. 物流联盟的含义及基本组织结构。
2. 物流联盟的运营模式及盈利模式。
3. 以菜鸟网络为代表的物流联盟所使用的新技术和新设备。
4. 菜鸟联盟的快递服务。
5. 菜鸟网络的跨境物流。

练习提升

一、单选题

1. 物流联盟又称为（　　），是以物流为合作基础的企业战略联盟，它是指两个或

多个企业之间，为了实现自己的物流战略目标，通过各种协议、契约而结成的优势互补、风险共担、利益共享的松散型网络组织。

A. 第一方物流　B. 第二方物流　C. 第三方物流　D. 第四方物流

2. 企业之间（　）是物流联盟形成的基础。

A. 信息共享　B. 客户共享　C. 利益共享　D. 设备共享

3. 中国加入 WTO 后，中国物流企业只有（　），才能抵抗国外物流巨头的竞争。

A. 相互竞争　B. 恶性竞争　C. 相互投靠　D. 结成联盟

4. 在物流联盟中，（　）可以提供专业的物流服务。

A. 第三方物流服务商　B. 物流管理咨询公司

C. 客户　D. 其他增值服务提供商

5.（　）在物流联盟中起着“智囊”的作用。

A. 第三方物流服务商　B. 物流管理咨询公司

C. 客户　D. 其他增值服务提供商

6. 由第四方物流为第三方物流提供其缺少的资源，如信息技术、管理技术，制定供应链策略和战略规划方案等，并与第三方物流共同开发市场，而具体的物流业务实施则由第三方物流在第四方物流的指导下来完成的物流运作模式为（　）。

A. 协同运作型　B. 方案集成型

C. 行业创新型　D. 动态联盟型

7. 由第四方物流为客户提供运作和管理整个供应链的解决方案，并利用其成员的资源、能力和技术进行整合和管理，为客户提供全面的、集成的供应链管理服务的物流联盟形式为（　）。

A. 协同运作型　B. 方案集成型

C. 行业创新型　D. 动态联盟型

8. 提供平台，供大家进行信息共享，以节约资源、提高公司设施及信息利用率从而获取利润的盈利模式称为（　）。

A. 信息共享平台模式　B. 物流咨询模式

C. 增值服务模式　D. 供应链集成商模式

9. 在第四方物流为物流供需双方提供增值服务，并从中获取到大量经验后，第四方物流企业可以将自身的经验作为知识资本来获取利润的盈利模式称为（　）。

A. 信息共享平台模式　B. 物流咨询模式

C. 增值服务模式　D. 供应链集成商模式

10. 以提供客户库存分析、运输路线规划等服务为盈利点的盈利模式为（　）。

A. 信息共享平台模式　B. 物流咨询模式

C. 增值服务模式　D. 供应链集成商模式

11. 利用（　）强大的通信能力、运算能力和匹配能力，可以集成众多物流用户的需求，形成物流需求信息集成平台，实现所有信息的交换、处理、传递，整合零散的物流资源，使物流效益最大化。

A. 互联网　B. 云计算　C. 大数据　D. 物联网

12. 利用（　），可以帮助物流企业进行客户分析、线路规划、仓位规划等，使得物流企业可以更高效地运转。

A. 互联网 B. 云计算 C. 大数据 D. 物联网

13. （ ）不是物联网在物流当中应用的技术。

A. GPS B. RFID C. 传感器 D. 海量数据

14. （ ）服务，是指由快递公司向商家提供的一种通过热敏纸打印输出纸质物流面单的物流服务。

A. 快递单 B. 电子面单 C. 快递 D. 快递打印

15. （ ）是菜鸟为淘宝体系进口（天猫国际、全球购）商家提供的跨境进口电子商务领域的一站式物流服务，服务内容主要包括商家和商品入境前在海关和商检机构进行备案、保税仓储及订单履行作业、行邮包裹入境清关、国内配送以及物流相关的增值服务。

A. 无忧保税 B. 无忧直邮 C. 无忧进口 D. 无忧出口

16. （ ）是指商家在国外采购货物，采购完毕后送至菜鸟海外仓，菜鸟统一打包，以集货方式进境，经海关清单核放，查验放行后配送到消费者手中。

A. 无忧保税 B. 无忧直邮 C. 无忧进口 D. 无忧出口

二、判断题

1. 由于物流企业各自有各自的特点和实力，组建联盟必要性不大。（ ）

2. 信息高速公路的建成，使得异地物流企业利用网络也可以实现信息资源共享，为联盟提供了有利的条件。（ ）

3. 菜鸟网络专注打造的中国智能物流骨干网通过自建、共建、合作、改造等多种模式，在全中国范围内形成一套开放的社会化仓储设施网络。（ ）

4. 第三方物流企业可以提供综合性的物流服务，也可以提供单一的物流服务。（ ）

5. 第三方物流企业在第四方物流中起着“智囊”的作用。（ ）

6. 帮助客户进行库存控制、配送路径规划等属于平台共享盈利模式。（ ）

7. 互联网对物流的发展影响不大。（ ）

8. 菜鸟电子面单在部分业务维权时，需上传底单图片，不能实现快速维权处理。（ ）

9. 利用大数据挖掘能力，可以准确定位快递链路中的疑似异常行为，降低异常风险，减少继发损失。（ ）

10. “线上发货”是由阿里巴巴全球速卖通、菜鸟网络联合多家优质第三方物流商打造的物流服务体系。（ ）

知识拓展

菜鸟网络商业模式

1. 企业概况

2013 年 5 月 28 日，阿里巴巴集团、银泰集团联合复星集团、富春控股、顺丰集团、

“三通一达”（申通、圆通、中通、韵达）、宅急送、汇通，以及相关金融机构共同宣布，“中国智能物流骨干网”（简称CSN）项目正式启动，合作各方共同组建的“菜鸟网络科技有限公司”正式成立。

其中，天猫投资21.5亿元，占股43%；银泰通过北京国俊投资有限公司投资16亿元，占股32%；富春集团则通过富春物流投资5亿元，占股10%；上海复星集团通过上海星泓投资有限公司投资5亿元，占股10%；圆通快递、顺丰快递、申通快递、韵达快递、中通快递各出资5 000万元，各占股1%。

同时，中国人寿保险（集团）公司与阿里巴巴集团和银泰集团，中信银行与菜鸟网络分别建立战略合作伙伴关系，为“中国智能物流骨干网”的建设提供资金支持。

2. 运作原理

菜鸟网络不效仿京东自建物流，以避免巨额资金投入吞噬公司的盈利和现金，而是利用产业集聚效应，建立物流仓储基地，以中小商户和快递公司为核心客户，将从原材料生产到完成销售整个产业链转移到菜鸟网络平台之下，再渐渐衍生出商业、住宅以及其他配套设施。

菜鸟网络本身不从事物流，目标是通过5～8年的努力在物流的基础上打造一个开放、共享的社会化物流大平台，在全国任意一个地区做到24小时送达，构建中国智能物流骨干网。基于阿里系内的大数据，以及合作的第三方物流企业的数据等，进行整合运作，实现信息的高速流转，而生产资料、货物则尽量减少流动，以提升效率。

中国智能物流骨干网体系，联合网上信用体系、网上支付体系共同打造中国未来商业的三大基础设施。通过自建、共建、合作、改造等多种模式，在全国范围内形成一套开放的社会化仓储设施网络。同时利用物联网、云计算、网络金融等新技术，建立开放、透明、共享的数据应用平台，为电子商务企业、物流公司、仓储企业、第三方物流服务商、供应链服务商等各类企业提供优质、高效和智能的服务，支持物流行业向高附加值领域发展和升级。

通过菜鸟物流平台的建设，可以达到：(1) 在线轻松发货，足不出户完成比价、挑选、发货；(2) 平台独享折扣，在线下单可享受部分品牌物流商折扣价；(3) 线路全国覆盖，百万条路线，直达乡镇；(4) 发货安全有保障，阿里物流协助解决客户与品牌物流商货运纠纷。

3. 商业模式

(1) 天网+地网+人网的逻辑结构。

天网：打造数据驱动的“云供应链”平台。通过打通独立软件供应商（ISV）应用软件、商家后台系统、阿里/菜鸟系统、合作伙伴系统进行电子商务数据交换与分享。

地网：以菜鸟为起点不断聚集货物、人气乃至产业。

人网：O2O+便民服务+物流服务。

菜鸟网络将天网、地网、人网有机融合，搭建中国智能物流骨干网，打造开放、共享的社会化物流大平台。首先，从阿里旗下的电子商务平台阿里巴巴（国际、国内）、淘宝、天猫以及借助阿里物流的其他电子商务平台，通过数据的互联，获取从企业生产需求到居民生活需要的各种供求信息。其次，通过自建的七大仓储中心以及整合的第三方物流、社会化的仓储，进行物流仓储资源的数据化分析和管理，获取丰富的仓储、运输信息，并及时掌握各种商品的存货信息。充分利用物联网技术与优质高效的现代仓储和运输手段，将货物在24小时内送到客户手中。再次，通过建立商业项目，鼓励租户在园区内开设类似于品牌旗舰店的O2O体验店，吸引平台内的商户，尤其是淘宝商城内的中小卖家来此租库、开店乃至生活，同时吸引为商家提供软件服务的IT公司入驻，直至形成一个完整的电商生态圈。

(2) 战略方向。

为打造“中国智能物流骨干网”项目，菜鸟网络制定了五大具体战略方向：快递、仓配、跨境、农村和驿站，力争早日实现包裹国内24小时送达，全球72小时必达的目标。

菜鸟网络五大战略方向：

战略一：快递战略——帮助快递公司告别低端的价格战。

在快递方面，菜鸟网络下一步的重点是利用互联网和大数据，协同快递公司推进快递业务数据化以及产品、服务的分层，全面提升物流行业的速度和服务水平。同时围绕消费者体验，建立良好的市场秩序，帮助快递公司告别低端的价格战。

战略二：仓配战略——分仓降费，多个城市实现次日达。

在仓配智能骨干网方面，菜鸟网络通过社会化协同的方式形成一张覆盖全国的骨干网络，帮助商家提升仓配运营效率和体验。通过全国五地分仓的方式，降低物流成本，在多个城市实现次日达。

战略三：跨境战略——搭建全球网络，实现国际物流信息同步。

为配合阿里巴巴集团的全球化和农村战略，在跨境物流方面，菜鸟网络通过搭建全球网络，降低跨境电商物流门槛。

目前，菜鸟网络在多个国家建立了海外仓。在出口方面，实现各国邮政信息直连，同步设立海外仓，更好地服务全球市场；在进口方面，菜鸟网络通过集货进口、直邮线路等方式，让消费者获得与国内网购一样的物流体验。

战略四：农村战略——渠道下沉，“千县万村”覆盖全国二段物流。

对于农村战略，依托阿里巴巴集团的农村淘宝，通过与上海万象等数十家落地配公司、中国邮政等合作伙伴社会化协同，快速形成覆盖全国的县到村二段物流等服务能力。

目前，菜鸟网络在宁夏、贵州、吉林、江西、福建、江苏、浙江、广东等地已经实现了村淘商品送货入村。

战略五：驿站战略——万家驿站遍布全国的“最后一公里”。

城市方面，菜鸟同合作伙伴联手建设菜鸟驿站，在高校通过创业的学生，在小区通过绿城、万科等物业，在连锁店通过喜士多等渠道，形成覆盖全国主要城市的末端公共服务网络。

目前，菜鸟网络在全国范围内运营2万多个菜鸟驿站，提供末端的综合物流生活服务。未来，这将是一张遍布全国的“最后一公里”物流快递网络。此外，菜鸟推出App“裹裹”，囊括所有快递公司的App功能，消费者可以查询物流、发件下单。

(3) 中国智能物流骨干网运作模式。

建设中国智能物流骨干网的关键和核心，一是在全国各大区域广布物流设施平台和节点，建立基础的仓储平台；二是通过大数据、云计算、物联网等新技术，实现信息共享，提升现有物流企业的仓库利用率和运作效率。

菜鸟网络针对东北、华北、华东、华南等七大区域选择中心位置进行仓储设施投资。建成后的中国智能物流骨干网大致运行如下：菜鸟公司在区域中心城市建立仓储中心，在区域中心城市管辖区域，根据实际地理和运输情况再设置次中心或者整合现有的仓储中心，建立一个“以七大仓储中心为主，众多社会化的区域性次仓储中心为辅”的覆盖全中国的大型智能仓储网（及仓储信息网）。厂商/卖家可将商品通过信息手段编码之后，储存进菜鸟旗下的仓储中心或者社会仓储中心，并将仓储数据统一上传到菜鸟公司数据处理中心。当买家需要购买产品时，菜鸟公司可通过数据库准确计算出最近的货物储藏位置。数据中心下达指令，对该商品进行快速移库，并由最近的物流公司将货物配送到买家手中。厂商/卖家甚至可以将公司 ERP 和阿里数据中心进行互联，按需生产。

（4）盈利模式。

目前，菜鸟网络的核心盈利不是来自租金，而是来自大数据服务，通过数据和信息服务来帮助客户不断降低库存和进行网点分配，一方面通过为商户和快递公司等客户提供数据来协助进行库存管理，另一方面则根据客户的需求来定制仓储服务。